일제시대
민족해방운동가 연구

김 인 덕

국학자료원

책을 내며

일제 식민지시대를 거치면서 우리 민족은 반일에 나섰다. 식민 통치는 곧 우리에게는 민족적 투쟁 그 자체였다. 5천년의 유사 이래 침략과 지배에 부단히 투쟁으로 맞섰던 것이 우리 민족이었다. 그 역사적 전통은 바로 식민지시대를 통해 꽃피웠다.

필자는 박사학위를 위해 논문을 쓴 이후에도 식민지시대 일본지역 조선인의 역사를 계속 공부하고 있다. 몇 해 전부터는 인물에 주목했다. 일본지역의 조선인의 역사를 얘기할 때는 반드시 거론해야 하는 그런 분들이다. 그리 새로운 것이 없는 지도 모르지만, 글을 정리하면서 개인적인 공부가 되었다.

예전에 썼던 글을 묶은 것은 5년 전이었다. 선생님들의 가르침을 받고도, 게으름으로 원고를 고치지 못하고 시간을 보냈다. 변한 내용도 있고, 고치고 싶은 부분도 있지만, 공부의 한계를 새삼 느끼며 원고를 부분적으로만 수정했다.

발표 지면을 정리하면 다음과 같다.

- 「1920년대 재일조선인운동과 金天海」, 『韓國民族運動史研究』(于松 趙東杰先生停年紀念論叢II), 1997, 8, 나남출판.
- 「식민지 시대 재일조선인 운동과 김두용」(원제목 : 「재일조선인 운

동과 김두용」), 1998, 『한국민족운동사연구』(18).

- 「金斗鎔의 '친일파' 인식에 대한 시론」, 1999, 『근・현대 한일관계
  와 재일동포』, 서울대학교출판부.
- 「민족해방운동과 鄭南局」, 1997, 『성대사림』(12・13).
- 「재일활동가 金容珪의 혁명론에 대한 시론」, 1999, 『사학연구』(58).
- 「1920년대 후반 재일제주인의 민족해방운동」, 1999, 역사문제연구
  소 외 편, 『제주4・3연구』, 역사비평사.
- 「김복진 소고」, 1998, 『근현대사강좌』(10).
- 「민족해방운동가 차금봉 연구」(원제목 : 「식민지 시대 서울지역 민
  족해방운동가 연구 - 차금봉의 활동을 중심으로 -」), 1995, 『향토서
  울』(55).

김두용에 대해서는 일본에서 발표하여, 在日朝鮮人運動史研究會의
여러분들로부터 많은 가르침을 받았다. 특히 樋口雄一선생님의 메모
는 잊지 못한다.

정남국에 대해 원고를 쓸 때는 따님의 전화가 큰 힘이 되었다. 차
금봉에 대해서 글을 발표하고 손녀・손자를 만난 것은 큰 충격이었
다. 그리고 서진문의 후손을 통해 김천해의 아드님과 따님이 생존해

있다는 소식을 접한 것은 감격이었다. 김용규에 대한 글은 이상일선생님의 도움으로 작성이 가능했다.

여기에 실린 글들은 인물의 생애를 총체적으로 그리지 못하고 있다. 주로 활동의 내용만을 정리하고, 사상에 대해서는 거의 언급하지 못했다. 자료가 발견되지 못한 상태에서 무리하게 서술하여 이런 현상이 초래된 부분도 있고, 필자의 능력 부족으로 운동 내용만을 언급하기도 했다. 감히 글을 모은 이유는 역사가 픽션이라고 자위하면서, 일본에서 활동한 우리 선조의 모습을 묶어 보여주고 싶은 욕심에서이다.

책이 나오는데는 여러 선생님들의 도움이 있었다. 학문의 길에 들어서게 해 주신 성대경선생님, 서중석선생님, 책을 출간하게 도와주신 오성선생님, 원고를 검토해 주신 박환선생님, 최기영선생님 그리고 최재성선생님께 감사드린다. 아울러 일이 있을 때마다 옆에서 도와주시는 손승철선생님과 최호균선생님께도 감사의 말씀을 드린다. 또한 책을 만들어 주신 정찬용사장님께도 고마움을 표하고 싶다.

2002년 7월 1일
김 인 덕

목 차

1920년대 재일조선인 운동과 金天海

1. 머리말

1920년대 재일조선인 운동은 일월회, 조선공산당 일본부, 조선공산당 일본총국 등에 의해 주도되어 노동운동의 조직 성과에 기초하여 투쟁이 지속되었다. 특히 전 민족의 요구를 수렴하는 투쟁보다는 정치적 색채가 분명한 정치 투쟁이 상대적으로 강력했다.

3·1운동 이후 단체 중심으로 운동이 발전했던 재일조선인 운동은 관동대지진으로 일시적인 공백기가 닥쳤다. 그러나 이러한 공백도 조직적인 재건이 대중운동의 고양과 함께 이루어지면서 해소되어 갔다. 발전의 고양기를 맞이한 1927년 재일조선인 민족해방운동은 본격적으로 단체 연대에 기초해 공동투쟁의 길로 나아갔다. 1928년 이후에는 조선공산당 일본총국의 조직 강화가 도모되고, 야체이카와 플랙션을 통해 대중단체의 지도가 통일적으로 이루어졌다.

한편 코민테른과 프로핀테른은 1929년 공황을 맞이하여 재일조선인 운동의 독자성을 인정하지 않고, 일국일당주의에 입각한 전술을 채택했다. 결국 1931년 12월 조선공산당 일본총국과 고려공산청년회 일본부가 해체성명서를 발표하면서 재일조선인 민족해방운동은 새로운 지형을 찾아가야만 했다. 이와 함께 전협의 주도로 진행된 재일조선인 노동운동의 방향전환은 일본지역 재일조선인 운동을 약화시키는 것으로 귀결되었다.

1920년대 재일조선인의 투쟁은 반제적인 성격을 띠며, 동시에 지역적 특수성에 기초하여 독자성을 갖고 전개된 식민지시대 조선민족해방운동사의 일부로, 노동운동을 토대로 조직적인 발전을 도모했다.

이러한 재일조선인의 운동은 조선인의 투쟁사이다. 식민지 시대 조선 사람으로 외국에 가서 그 나라 운동의 중심이 되어 힘있게 활동한 사람으로, 중국에서는 李鐵夫路線의 이름 아래 알려져 있는 한위건(韓偉健)과 일본지역에서는 김천해(金天海)를 거론할 수 있다.

김천해는 재일조선인 운동에 있어 가장 잘 알려져 있는 인물이다.[1] 그는 전향의 소용돌이 속에서도 끝까지 뜻을 굽히지 않고 해방을 맞이한 몇 안되는 민족해방운동가로 본명은 김학의(金鶴儀)다. 김천해에 대한 연구는 다른 재일조선인 활동가들에 비해 많은 편이나,[2] 인물평의 수준에 그치고 있다. 특히 재일조선인 운동과 조선민족해방운동을 시야에 넣지 못해, 그에 대한 전면적인 평가를 조선민족해방운동사 속에서 하지 못하고 있다.

본고는 김천해에 대한 본격적인 평전에 앞선 1920년대 주요 활동에 대한 제한적인 연구이다. 먼저 그의 생애를 개관하고, 1920년대 노동운동가, 공산주의자로서의 김천해를 살펴보겠다.

2. 김천해의 생애와 활동

① 김천해는 慶南 蔚山郡 東面 方魚里의 빈농으로 해산물상을 하는 집에서 1898년 태어났다.[3] 어린 시절 한문을 배웠고, 이후 불문에 입

1) 樋口雄一, 「金天海について」, 『在日朝鮮人史研究』(18), 1988. 10, 10쪽.
2) 이청원, 「일본공산당의 조선사람지도자 김천해」, 『신천지』(1-6), 1947. 7, 「在日朝鮮人. 韓國人社會活動家略傳(1)」, 『アジア問題研究所報』(7), 1992. 9, 樋口雄一, 「金天海について」, 『在日朝鮮人史研究』(18), 1988. 10. 그리고 중앙일보사가 발간한 북한인명사전의 김천해 항을 참조할 수 있다.
3) 朴慶植과 樋口雄一은 1899년 태어났다고 하고 이청원과 경찰 자료(「金漢卿外二九人

문하여 19세 때 경성의 중앙학림에서 수학했다. 23세 때는 고향에서
부업인 해산물상을 했으며, 동시에 야학을 열어 지방의 농민을 교육
했다. 1921년 東京에 가서 토목노동을 하면서 日本大學 전문부 사회
과에 입학하여 공부하다 중퇴했다. 1922년 東京朝鮮勞動同盟會 결성
에 참가했다.

② 1923년 관동대지진 때 조선인이 학살당하는 것을 보고 학업을 포기
함과 동시에 노동자의 복리증진에 헌신할 것을 결의했다. 강철이라도 녹
일 것 같은 열의와 지성으로 그는 橫浜일대에서 맹렬한 활동을 전개하기
시작했다. 대중 속에 들어간 그는 그들과 생활을 같이 하면서 꾸준히 그
들을 계몽하고 조직했다. 이 과정에서 남의 딱한 사정을 이해하고 누가
병이나 불행한 일이 생기면 밤중이라도 꼭 방문하여 위로해 주며, 돈이
없으면 자신의 양복을 팔아 주었다.[4]
1925년 7월 橫浜市에서 神奈川縣 朝鮮合同勞動組合을 조직하여 상무
집행위원으로 활동했으며, 1927년 神奈川縣 朝鮮合同勞動組合 집행위원
이 되었다. 당시 김천해가 주도한 神奈川縣 朝鮮合同勞動組合은 橫浜 노
동자의 인구비례에 비하면 가장 우수한 조직 성과를 거두었다.

③ 재일본조선노동총동맹에서는 1926년 중앙집행위원으로 활동했으
며, 1928년 5월 중앙집행위원장 겸 쟁의부장이 되었다. 특히 그의 명
성은 일본 내에 널리 유포되어, 당시 일본 각지를 돌아다니는 노동운
동의 오르그는 김천해의 소개장 하나면 대환영이었다.[5]

④ 1928년 5월 한림의 권유로 조선공산당에 가입하여 조선공산당

豫審終結決定」, 金俊燁·金昌順 共編, 『韓國共産主義運動史』(資料編 2), 高大亞細亞
問題研究所, 1980,「金鶴儀」, 『身分帳指紋原紙』)는 1898년 3월 21일 태어났다고 한다.
직업난에는 토공으로 되어 있다.(「金鶴儀」, 『身分帳指紋原紙』)
4) 이청원, 앞의 논문, 146쪽.
5) 이청원, 앞의 논문, 147쪽.

일본총국 남부야체이카 소속이 되었다. 1928년 6월 초순 남부야체이카[6] 회의에 참석해서 정희영의 보고[7]에 기초해 투쟁방향에 대해 협의했다. 1928년 6월 24일 회의에서 조선공산당 일본총국 개편의 내용을 송창염에게서 듣고, 본인이 조선공산당 일본총국 책임비서가 된 것을 접수했다. 또한 이 자리에서 송창염으로부터 당의 연혁, 조직의 대요, 입당수속 등에 대해 보고를 받았으며, 계속된 간부회의에서 동부야체이카책임을 맡고, 지속적으로 조선공산당 일본총국을 지도했다. 조선공산당 일본총국이 주도한 1928년 8월 국치일기념투쟁 때 동지 36명과 함께 치안유지법 위반으로 검거되어 1931년 5년형을 받았다.

⑤ 이후 감옥 내에서 야수적인 일제의 탄압에도 불구하고 옥내 투쟁을 전개했다. 대표적인 옥내 투쟁으로는 1930년 3·1운동 기념투쟁, 메이데이투쟁 등을 들 수 있다. 간수들의 눈을 피해가면서 그는 노크를 통해 통방하여 연락을 취하고, 東京市谷刑務所 내의 사상운동 관계자 전부가 만세를 부르게 했다. 그리고『감방新聞』을 발간했다.[8] 특히 일국일당주의에 따라 조선공산당 일본총국이 일본공산당 내로 해소할 때 옥내에서 주도했다. 공판 때는 조선공산당, 공산주의운동사에 있어 처음이자 마지막으로 조선공산당을 대표해 진술을 시도했다.

1932년 6년 징역을 언도받고 秋田刑務所에서 복역했다. 여기에서 佐野學의 전향성명서를 접하고도 끝까지 전향을 거부, 투쟁을 계속했다. 1936년 11월 출옥했다.

⑥ 1936년 2월 이운수(李雲洙), 강창보(姜昌輔), 김두용(金斗鎔), 송성철(宋性徹), 권오경(權五敬), 이북만(李北滿) 등이 재일조선인 노동자들

---

6) 책임:정희영, 구성원 : 김천해, 박득현, 강소천이었다.
7) 내용은 다음과 같다. 1) 내외정세 및 일본총국의 정세. 2) 당원은 당비로 수입5/100를 납입할 것. 3) 용모복장을 단정히 할 것. 4) 당의 명령에 절대복종할 것. 5) 비밀을 엄수할 것 등.
8) 이청원, 앞의 논문, 147쪽.

의 계몽과 일본인민전선의 일익으로 東京에서 발간하던 『朝鮮新聞』 名古屋지국의 설립과 발전에 노력했다. 1937년 일본인민전선 탄압과 관련하여 검거되어 제2차 투옥되었다.

4년형을 언도받고 大津 堺刑務所에서 복역을 마쳤으나, 1942년 9월 전향하지 않고 혁명을 확신하고 있다고 해서, 조선사람으로는 처음으로 東京豫防拘禁所에 가게 되었다. 여기에서 德田球一, 志賀義雄 등과 함께 일본공산당 옥내위원으로 활동했다. 8·15가 다가오자 德田球一, 志賀義雄 등과 토의하여 「인민에게 訴함」(『赤旗』 1호)이라는 일본운동의 전개방침에 대한 결정서를 작성했다.

⑦ 일본의 패전과 함께 연합군사령부에 의해 1945년 10월 4일 치안유지법이 철폐되어 10월 10일 東京豫防拘禁所에서 출옥했다. 출옥 후 비전향 일본공산주의자 6인과 함께 일본공산당 중앙촉진위원으로 활동했으며, 일본공산당 제4회 대회에서 정식으로 중앙위원, 조선인부 책임자가 되었다. 일본공산당 제5회 대회에서는 중앙위원 겸 정치국 국원, 중앙통제위원으로 피선되었다.

한편 1945년 이후 재일조선인운동의 구심이었던 재일본조선인연맹을 주도하여, 최고 고문으로 활동했다. 1949년 9월 재일본조선인연맹의 강제 해산으로 공직에서 추방되어, 1950년 堺항에서 배편으로 원산에 갔다. 이후 라디오방송을 통해 재일조선인의 반미반제 군비투쟁을 격려하는 활동을 계속했다. 북조선노동당 중앙위원회 사회부장, 북조선노동당 중앙위원회 대외협력부장, 북조선 최고인민회의 제2기 대의원, 북조선 조국통일민주주의전선 중앙위원회 의원, 북조선 조국통일민주주의전선 중앙위원회 의장 등을 역임했다.

일본공산당 서기장을 지낸 德田球一은 「김(천해)씨는 폭이 넓다」고 했다.

3. 1920년대 재일조선인 노동운동과 김천해

1) 1920년대 재일조선인 노동자의 상태9)

재일조선인의 발생은 철저하게 일본 자본주의의 요구에 기초했으며, 일본이 조선인의 일본 유입을 정책적으로 통제했다. 이러한 일제의 조선인 노동자 동원을 시기 별로 구분해 보면 다음과 같다. 1) 1910년대 조정기, 2) 1920년대 구조적 노동력 동원기, 3) 1930년대의 적극적 노동력 동원기, 그리고 4) 1930년대말 이후 1940년대의 전시노무동원기였다.10)

이 가운데 1920년대의 정책을 살펴보면, 먼저 1921년까지는 조선인의 도일이 적극적으로 진행되지 않았다. 조선인은 중국 동북지역으로의 이민이 정치적, 경제적으로 유리하다고 생각하고 있었기 때문이었다. 당시 중국 동북지역은 망명객과 무장독립운동가들의 적극적인 노력으로 조선인촌이 조성되었고, 이곳에서 농사를 짓는 것도 유리했다. 1922년 12월 여행증명제도가 철폐되고, 1923년에는 도항증명제가 적용되었다. 일본 경제는 1923년경부터 만성적 공황상태에 빠지게 되었고, 이에 따라 특수한 경우를 제외하고는 단체 모집을 허가하지 않았다.

1923년의 관동대지진 때의 파괴된 시가지의 복구를 위해 노동력이 요구되자 일본 정부는 도항증명제를 폐지했다. 이것은 조선인의 유입으로 재건의 기틀을 마련하기 위한 기만적인 정책이었다.

1924년 5월 자유도항제 실시에 앞서, 일본은 재일조선인의 상태와 조선인의 도일 실태를 조사했다. 내무성 경보국에서 각 府縣의 지사를 통해 확인한 내용은 조선인이 유입된다 해도 일본 노동자에게 미치는 영향은 미미하다고 보았다. 그러나 일본 경제의 상황이 악화되자 내무성은 1925년 8월 도일(渡日)을 제한해 달라고 요청했고, 연이어 조선인 노동자의 실업문제가

---

9) 본 절은 별도의 주가 없으면 졸고(「재일조선인 민족해방운동연구」, 성균관대학교 박사학위청구논문, 1996) 참조
10) 김민영, 『일제의 조선인노동력 수탈 연구』, 한울아카데미, 1995, 27-30쪽.

야기되어 1925년 10월부터 도항저지(제한)가 실시되었다. 특히 1925년 도항 저지제와 함께 「과격사상 선전취체에 관한 건」이 하달되어, 조선인 도일자 의 단속과 감시가 강화되었다. 여기에는 일본사회운동의 고양과 이에 따른 조·일 연대를 두려워한 일제의 은폐된 사고가 전제되었다.

이후 1928년 7월 조선총독부는 도항허가 조건을 까다롭게 하여, 지참 금을 60엔 이상 소지하고 노동브로커의 모집에 의한 것이 아닌 조선인 의 도일만 허용했다. 1927년 3월 일본경제는 금융공황으로 큰 타격을 받 게 되었고, 1929년 세계공황에 의해 보다 심화되자 일본 기업의 조선인 노동자 단체 모집은 제한되었다. 조선인의 도일은 재도항증명서제로 보 다 통제가 강화되었다.

이상과 같은 도일정책의 변화에 따라 조선인의 이주는 가감현상이 분 명했다. 특히 도항이 저지되는 1925년 10월 이후 이주 인구의 감소가 나 타났으며, 1929년 세계공황의 여파로 조선인 노동자의 도일은 다시 격감 되었다.

초기 조선인 도일노동자 가운데 돈을 벌게 되면 고향으로 돌아가겠다 고 생각하는 사람이 많았다. 그러나 시간이 흐름에 따라 조선인은 일본 에 정주하게 되었다. 그 증거로 호수의 증가와 남녀 비율의 접근[11]을 들 수 있다. 즉 1926년에는 14만여 명의 거주 인구에 호수는 1만3천여 호였 지만, 1929년에는 거주인구 271,280명에 호수는 32,527호로 호수의 증가 율이 인구의 증가율을 능가하고 있다. 또한 1921년에는 여자 100명에 대 해 남자 600명의 비율이었지만, 1929년에는 331명으로 되어 점차 남녀의 비율의 차이가 줄고 있다.

도일한 재일조선인은 일본에서 각종 인부, 공장노동자, 광부로 고용구 조 속에 편입되었다. 주된 노동부문은 토목, 건설부문이었다.[12] 토목, 건

---

11) 武田行雄, 「內地在住半島人問題」, 『社會政策時報』(213), 1938, 110쪽.
12) 金正柱, 「大正14年中の於ける在留朝鮮人の狀況」, 『朝鮮統治史料』(7)(이 자료는 『독 립운동사 자료집(별집3)』(재일본한국인민족운동자료집)에 번역 수록되어 있다.), 宗

설 그리고 건축업은 광산 채굴, 항만 하역 노동과 함께 인간의 노동력을
가장 많이 필요로 하는 노동부문으로 육체 노동력이 제일 중요했다.[13]
특히 재일조선인이 토목, 건설노동자로 전국적으로 이주하기 시작한 것
은 1927년 금융 공황기부터였다.

표1> 재일조선인의 거주인구 추이(1920-1931)*

연도	(가)	(나)	(다)
1920	30,189	30,175	30,189
1921	38,651	35,876	38,651
1922	59,722	59,865	59,851
1923	80,415	80,617	80,617
1924	118,152	120,238	120,238
1925	129,870	133,710	133,710
1926	143,798	148,503	148,503
1927	165,286	175,911	175,911
1928	238,102	243,328	243,328
1929	275,206	276,031	276,031
1930	298,091	298,091	298,091
1931	311,247	318,212	318,212

* (가): 森田芳夫, 『戰前に於ける在日朝鮮人の人口統計』, 5쪽.
  (나): 김봉우, 『일제 식민통치 비사』, 249쪽
  (다): 『治安狀況』(1933), 192쪽.

1920년대 중반이 되자 大阪, 東京 중심으로 인구가 집중되었다. 大阪
과 東京지역은 일본 경제의 중심지역으로 노동시장의 요구가 일본 내에
서 가장 높았던 곳이기 때문에 도일한 조선인이 이 지역으로 몰리는 것
은 자연스러운 현상이었다.

高書房, 1970, 830쪽, 참조
13) 窪田宏, 「滿洲支配と勞動問題-鑛山・港灣荷役,土木建築勞動における植民地的搾取に
     ついて」, 『日本帝國主義と東アジア』, アジア經濟硏究所, 1979, 310쪽.

　東京의 재일조선인은 1920년대 관동대지진 복구공사, 羽田飛行場 건설공사, 山手·中央·京濱省線 확장공사, 사철 확장공사, 京浜國道, 青梅·甲州街道 확장공사, 기타 隅田川架橋, 江戶川浚渫工事, 고층건축 기초공사 등의 노동자, 잡역부로 주로 일했다. 이상과 같은 조선인은 東京市內에서는 深川區, 本所區, 郡에서는 北豊島, 荏原, 豊多摩郡에 집중 거주했다. 東京 부근 神奈川縣의 재일조선인은 川崎, 小田原, 横須賀, 神奈川, 鶴見 방면에 주로 거주했다.

2) 지역에서의 노동운동

　東京에 간 김천해는 선진적인 인사들과의 접촉으로 자연스럽게 노동운동 단체에 관계하게 되었다. 그는 東京朝鮮勞動同盟會 결성에 참가했다. 이 조직은 결성 당시 강령을 다음과 같이 내걸었다. 1) 우리들은 조선 노동운동을 국제적으로 진출시키고 세계무산계급의 절대 승리를 목적으로 한다. 2) 우리들은 재일 조선노동자의 계급의식의 촉진과 직업의 안정을 도모한다고 했다.[14] 이와 함께 실행위원으로 유진걸(柳震杰), 손봉원(孫奉元), 김상호(金相鎬), 김종범(金鍾範), 천종규(千鍾奎), 마명(馬鳴), 남윤구(南潤九), 강철(姜徹), 김천해 등을 선임했다.[15] 이때 김천해는 사무실에서 먹고 자면서 활동했다.[16]

　1922년 시기 동경조선노동동맹회의 간부로 활동하던 김천해는 백무, 이헌 등과의 교제로 공산주의사상을 갖게 되었다. 1923년 시기 長野縣에서 임금미지불로 일어난 노동자의 투쟁에 참가했다.[17]

　이후 1924년 김천해는 활동지역을 옮겨 神奈川으로 갔다. 당시 神奈

---

14)「宋寧變判決」(大正12年刑公第33號), 정무기록문서보관소.
15) 이하 동맹회의 활동은 정혜경,「1910-1920년대 東京한인 노동단체」,『한국근현대사연구』(1), 한울, 1994, 참조.
16) 樋口雄一, 앞의 논문, 2쪽.
17) 樋口雄一, 앞의 논문, 2쪽.

川에서 가장 많은 수의 조선인 노동자가 거주했던 곳인 橫浜으로 이주하여 활동에 참가했다. 1925년 7월 11일 조선노동동지회, 애호회, 공조회, 조선인동지회의 대표와 유지가 모여 조직의 통일을 도모하고, 새롭게 조선합동노동회를 조직했다.

김천해의 神奈川에서의 주요 활동[18]은 다음과 같다.

> * 1925년 4월 21일 橫浜市 岡野町의 山上房吉方에서의 메이데이 준비회에 橫浜朝鮮合同勞動團의 대표로 참가.
> * 1925년 8월 2일 橫浜勞動組合聯盟 주최의 실업문제연설회에 참석. 이후 데모에 참가하여 검거.
> * 1925년 9월 5, 6일 관동대지진 때 橫浜에서 橫死한 사람을 위한 추도회에 참가하여 일본경찰에 검거.
> * 1925년 9월 25일 러시아 노동대표 레브세환영회에 참가.
> * 1926년 12월 10일 足柄上郡의 松田町에서 열린 內鮮融和演說會 방해를 지도.
> * 1927년 6월 9일 川崎公會堂의 재일본조선노동총동맹 神奈川勞動合同組合 川崎支部 발회식에 연사로 참가.

특히 松田町에서 열린 연설회 방해를 선동하여, 김천해는 처음으로 투옥되었다. 김천해는 小田原町 弁財天旅館 北辰館에서 체포되었는데, 이후 재판의 과정에서 김천해는 재일조선인으로부터 전폭적인 지지를 받았다. 김천해는 징역 3개월을 언도 받고, 1927년 4월 13일 출옥했다.

이상과 같이 도일한 김천해는 노동운동을 토대로 실천투쟁에 뛰어들면서, 재일조선인 운동에 본격적으로 나섰다. 그리고 동경조선노동동맹회, 神奈川縣朝鮮合同勞動組合을 조직하여 활동했으며, 1927년 神奈川縣朝鮮合同勞動組合 집행위원이 되었다.

---

18) 樋口雄一, 앞의 논문, 참조

3) 재일본조선노동총동맹에서의 활동

재일조선인 노동운동 단체는 초기의 상호부조와 친목을 목적으로 하는 조직에서 노동자계급의 성장과 함께 계급해방을 내건 단체로 발전했다. 마침내 일본지역의 전국조직으로 재일본조선노동총동맹이 등장했다. 재일본조선노동총동맹은 1925년 2월 22일 오전 10시 東京府 高田雜司ケ谷 429번지 日華日鮮靑年會館에서 조직되었다. 참가단체는 東京의 경우 東京朝鮮勞動共生會, 東京朝鮮勞動同盟會, 朝鮮人勞動同志會, 關西지방의 경우 神戶朝鮮勞動同盟會, 京都朝鮮勞動同盟會 등으로, 1926년 김천해는 재일본조선노동총동맹에서 중앙집행위원으로 활동했다. 이후 재일본조선노동총동맹에서 전국적인 전망을 갖고 활동한 그는 재일본조선노동총동맹 제4회 대회를 주도했다.

재일본조선노동총동맹 제4회 대회는 원래 1928년 4월 27-29, 3일간 개최 예정이었다. 그러나 4월 21일 본부의 습격과 28일 집행위원장 정남국, 김계림, 권대형, 정희영, 송창염 등의 구속으로 5월로 연기되었다. 대회 당일도 상임위원 박득현 이외에 준비위원이 검속되고, 대회 의안을 강탈당했다. 결국 1928년 5월 13, 14일 이틀 동안 東京 本所區 帝大 셋츠루멘트 대강당에서 열렸다.

첫째날은 1928년 5월 13일 오전 10시에 시작되어 오후 5시 12분까지 열렸다. 사회자인 김강이 우리에게 가하는 모든 억압을 일축하고, 우리 힘으로 용감하게 대회를 시작하자고 선언했다.

둘째날은 14일 오후 5시부터 시작되어 10시까지 열렸다. 10여개 단체의 축전과 축문의 낭독이 있었고, 이진, 김정홍이 의사진행계로 선정되었다. 이후 김천해는 선언을 낭독했다. 그리고 다음의 내용이 가결되었다. 1) 조선일보 정간에 관한 건, 2) 일본좌익 3단체 해체에 관한 건, 3) 경성여자상업학교 맹휴사건, 4) 차기대회 장소 결정의 건.

1928년 4월 재일본조선노동총동맹원은 26,114명이 되었다. 이 가운데 간부는 중앙집행위원장 김천해, 중앙상임집행위원 송창렴, 박균, 김강, 진병로, 김계림, 중앙집행위원 남영우, 이일, 정휘세, 김문준, 송장복, 김수현, 김달환, 김호영, 박휘일, 최현수, 윤도순, 서진문, 이성백, 권일선, 회계감사 윤동명, 전해 등이 선임되었다. 6월에는 일부의 조직이 개편되어, 조직·선전부장 박균, 서무·재정부장 진병로, 정치부장 송창렴, 쟁의부장 김천해, 기관지부장 김강, 조사·정보·부녀부장 윤도순이었다.

1928년 5월 15일 오후 2시 제1회 중앙집행위원회는 의장 김천해의 사회로 시작되었다. 출석원은 김천해, 남영우, 송창염, 이성백, 김강, 이일, 서진문, 권일선, 박휘일, 송장복, 김문준, 김달환 등 13명이었다.[19]

김천해가 주도한 제1회 상임위원회는 1928년 6월 1일 열렸다. 그리고 다음과 같은 내용을 결정했다. 1) 대지출병 반대, 치안유지법 개악반대, 폭압반대 주간을 설정하고, 제1기에 각 지부·반을 통해 반대주간의 특별강좌, 조합원 간담회, 연설회 등을 개최하며, 그 주간의 의의를 대중적으로 선전할 것, 제2기에 조선인대회와 노동자대회를 열어 항의문을 보내고 함께 데모를 할 것, 2) 당면한 슬로건 12항목,[20] 3) 府의원 선거대책으로 무산당 후보자를 적극적으로 원조할 것, 4) 이 자리에서는 조직·선전부장 박균, 서무·재정부장 진병로, 정치부장 송창렴, 쟁의부장 김천해, 기관지부장 김강, 조사·정보·부녀부장 윤도순으로 결정했다.

이상과 같은 김천해의 재일본조선노동총동맹에서의 활동은 후술할 조선공산당 일본총국원으로서 당의 조직적인 지도 아래 전개되었다.

---

19) 「在日本朝鮮勞動總同盟第4回全國大會會錄」, 大原社會問題研究所 所藏.
20) (1) 치안유지법 개악 절대 반대, (2) 긴급칙령 절대 반대, (3) 치안유지법의 철폐, (4) 소위 의식적 대검거 절대 반대, (5) 언론·출판·집회·결사의 자유 획득, (6) 신간회·근우회의 전국대회 금지에 전국적 항의, (7) 조선에 대한 차별에 절대 대항하자, (8) 조선 총독정치를 타도하자, (9) 조선증병·중국 출병 절대 반대, (10) 노농러시아·중국 혁명운동의 적극적 지지, (11) 세계제국주의 전쟁에 절대 반대, (12) 극동 피억압 대중 단결하자.

4. 1920년대 재일조선인 공산주의운동과 김천해

1) 조선공산당 일본총국에서의 활동

조선공산당 4차당은 새롭게 일본총국 중앙을 조직했다. 조선공산당 일본총국은 한림이 책임비서가 되면서 조직적 강화를 도모해 책임비서 한림, 선전부 책임 이우적, 선전부원 인정식, 조직부 책임 강소천, 조직부 부원 김상혁으로 진영을 새롭게 편성했다.[21] 그리고 고려공산청년회 일본총국 책임은 인정식이 맡았다.

조선공산당 일본총국의 한림, 강소천, 인정식 등은 1928년 5월 모임을 갖고 조선공산당 일본총국 간부를 전술했듯이 결정했다. 이 자리에서 한림은 조선공산당의 연혁, 조직, 입당수속, 당비, 당원의 처분 등에 관해 경청했다. 그리고 東京을 동, 서, 남, 북 4개의 야체이카로 나누어 조직하기로 했다. 이 가운데 남부야체이카[22]는 책임 정희영, 성원 강소천, 박득현, 김천해, 권대형으로 구성되었다. 이 가운데 김천해는 1928년 5월 조선공산당에 가입하여 조선공산당 일본총국 남부야체이카 소속이 되었다.

1928년 6월 조선공산당 일본총국 책임비서 한림이 검거되자, 강소천, 송창염, 인정식 등은 새롭게 조직을 개편했다. 또한 당 중앙에 당의 비밀을 누설하는 자가 있다는 소문으로 인해 당 본부에 속해 있는 것이 위험하기 때문에, 당 중앙과 연락이 두절되는 것을 기회로 당 중앙의 지령을 기다릴 것 없이 잠정적으로 간부를 개편했다. 새롭게 조선공산당 일본총국은 책임비서에 김천해, 조직부 책임 서인식, 조직부원 인정식, 선전부 책임 박득현(朴得鉉), 선전부 부원 이학순(李學淳)으로 구성되었다.[23]

---

21) 김준엽・김창순, 「金漢卿外29名治安維持法違反事件豫審終結決定書寫」, 『한국공산주의운동사』(자료편2), 811-812쪽.

22) 東京의 芝區, 麻布區, 目黑, 品川, 荏原, 大森, 大井, 蒲田지역이었다.

23) 김준엽・김창순, 「金漢卿外29名治安維持法違反事件豫審終結決定書寫」, 『한국공산

조선공산당 일본총국은 김천해를 중심으로 활동하게 되었다. 조선공산당 일본총국은 김천해 책임비서 시기에 조직적 발전이 도모되어, 東京 야체이카가 종전의 4구에서 1구가 늘어나 5구가 되었다.

1928년 8월 29일 오후 약 150명의 조선인 노동자와 유학생들은 東京 武藏屋백화점 옆 공터에서 혁명가를 부르고, 삐라를 살포하며, 거리를 행진했다. 이때 재동경조선인단체협의회 이외의 세 단체 이름으로 「국치일에 즈음하여 전조선 2천3백만 동포는 일제히 무장하여 일대 폭동을 일으키자」는 격문을 배포했다. 여기에서는 국치일의 의미를 되새기고 동시에 독일과 러시아의 혁명세력들과의 단결을 강조하는 등 국제연대를 피력했다. 이 투쟁을 김천해는 조선공산당 일본총국 책임비서로 주도했던 것이다.

그러나 그가 주도한 1928년 8월 국치일 기념투쟁은 조선공산당 일본총국을 조직적으로 와해시키는 한 계기가 되었다. 김천해는 동지 36명과 함께 치안유지법 위반으로 검거되었다.

2) 옥내 투쟁과 공판 투쟁

김천해는 감옥에서 야수적인 일제의 탄압에도 불구하고 옥내 투쟁을 전개했다. 전술했듯이 대표적인 옥내 투쟁은 1930년 3·1운동 기념투쟁, 메이데이투쟁 등을 들 수 있다. 간수들의 눈을 피해 통방하여 東京市 谷刑務所 내의 사상운동 관련자 전부가 만세를 불렀다. 그리고『감방新聞』을 발간하여 이론적으로 무장하고 선전·선동을 도모했다

1931년 7월 일본공산당 佐野學 이하 수뇌부에 대한 공판이 공개, 통일적으로 심리되자, 공판과정에서 지속적으로 탄압을 받았던 조선공산당 일본총국원들은 공판투쟁을 전개했다.

주의운동사』(자료편2), 고대 아세아문제연구소, 1980, 812쪽, 「1929年の共産主義運動」, 金正明 編,『朝鮮獨立運動』(4), 原書房, 1967, 38-39쪽.

이 투쟁은 김한경(金漢卿)을 비롯한 조선공산당 일본총국원이 중심이었다. 김한경, 김천해, 김용걸(金容杰), 송창렴(宋昌濂), 이운수(李雲洙), 송재홍(宋在洪), 박태을(朴台乙), 강춘순(姜春淳) 등은 공판준비회를 통해, 공판과정의 비민주성과 법정에서의 자주권을 획득하기 위해 투쟁했다. 여기에는 布施辰治[24] 변호사의 역할이 컸다.

1931년 10월 30일 공판에서는 재판장 내에 상주하고 있던 간수, 헌병, 순사가 문제가 되었다. 오전 심리는 진행되었고, 이후 공판준비회가 개최되었다. 공판준비회는 다음의 내용을 결의했다. 1) 통일 심리할 것, 2) 재판소의 절대적 공개, 3) 법정에서의 무장 경계 철폐, 4) 언론의 자유, 5) 대표진술의 허가, 6) 공판준비위원회의 상설, 7) 참고서 차입의 건, 8) 공판기일의 지정에 있어 피고의 희망을 고려할 것.[25]

11월 18일 열린 공판은 조선공산당 일본총국이 주도한 투쟁의 장이었다. 이 자리에서 김천해는 김한경, 송창렴 등과 혁명적 언사를 멈추지 않았다. 김천해는 조선공산당원으로 공판투쟁에 임해 슬로건을 제기하는 것이 당연하다면서, 공판정에서의 변호사, 재판관 이외의 다른 사람의 퇴석을 요구했다.[26]

이와 함께 공판준비회는 공소공판에 대한 요구 사항을 결정했다. 그 내용은 다음과 같다. (1) 공판의 절대 공개, (2) 공판심리의 통일, (3) 변론의 자유, (4) 법정에서의 무장경계 철폐, (5) 대표 진술의 허가, (6) 공판준비위원회의 상설, (7) 참고서 차입의 건, (8) 공판일 지정에 있어 피고의 희망을 수용할 것, (9) 민족적 차별 절대 반대, (10) 치안유지법 철폐, (11)

---

24) 布施辰治는 '사회주의 변호사'로 불렸던 인물로 조선, 조선인에 대한 굵직한 변론인 의열단 사건, 조선공산당 사건 등을 맡았다. 그리고 계속해서 조선 내의 강연에도 적극적으로 참가했다(布施柑治, 『ある辯護士の生涯』, 岩波書店, 1963, 57-61쪽.)

25) 「朝鮮共産黨日本總局竝ニ高麗共産青年會日本部黨員控訴公判準備手續槪況」, 『思想月報』(1-11), 1931. 2, 38쪽.

26) 「朝鮮共産黨日本總局及高麗共産青年會日本部黨員控訴公判準備手續槪況」, 『思想月報』(1-11), 1931. 2, 29쪽.

당원과 동맹원의 즉일 석방 등이었다.[27]

그리고 공판준비위원회는 공판장에서 진술할 때의 역할을 정했다. 김한경, 김천해, 박문병(朴文秉), 박노박(朴魯珀)이 책임 나누어 맡았다. 그 내용을 보면 다음과 같다. (1) 총론, 일반적 운동 그리고 당의 강령과 역사 : 김한경, (2) 당의 농민조합운동에 대한 활동 : 김천해, (3) 조선청년동맹에 대한 운동 : 박문병, (4) 조선혁명운동사 : 김한경, (5) 조선 총독정치 비판 : 박노박이 맡았다.[28] 이렇게 김천해는 '당의 농민조합운동에 대한 활동'에 대해 진술했다.

또한 공판준비위원회는 공판상임위원을 김한경, 김천해, 박득현, 박노박, 이원현(李元賢)으로 정했다. 그러나 이상과 같은 공판에 대한 조선공산당 일본총국원의 요구는 허가되지 않았다.

김천해는 옥중에서도 투쟁을 멈추지 않고 공판장에서 조선공산당, 공산주의운동사에 있어 처음이자 마지막으로 조선공산당을 대표하여 김한경, 박문병과 진술을 시도했다. 김천해는 1936년 11월 출옥했다.

5. 1930년대의 김천해와 해방 그리고 그후

1) 『朝鮮新聞』과 김천해

재일조선인의 계몽과 문화 향상, 그리고 민족, 계급적 각성을 위해 이운수, 박태을, 강창보, 김두용, 송성철, 권오경, 이북만 등은 합법출판을 준비하여, 1935년 12월 『朝鮮新聞』(조선문) 창간 준비호, 1936년 2월 창간호를 발행했다.[29] 김천해는 출옥 후 재일조선인 노동자들의 계몽과 일

---

27) 「朝鮮共産黨日本總局竝二高麗共産靑年會日本部黨員控訴公判準備手續槪況」, 『思想月報』(1-11), 1931. 2, 30-31쪽.

28) 「朝鮮共産黨日本總局竝二高麗共産靑年會日本部黨員控訴公判準備手續槪況」, 『思想月報』(1-11), 1932. 2, 31쪽.

29) 朴慶植, 『在日朝鮮人運動史-8·15解放前-』, 三一書房, 1979, 286쪽. 『朝鮮新聞』은 東

본 인민전선운동의 일익으로 東京에서 발간하던 『朝鮮新聞』 名古屋지국
의 설립과 발전에 노력했다. 이렇게 활동하던 중에 전술했듯이 1937년
일본 인민전선 탄압과 관련하여 검거되어 재차 투옥되었다. 이후 4년형
을 언도 받고, 堺刑務所에서 복역을 마쳤으나 전향하지 않고 혁명을 확
신하고 있다고 하여, 1942년 9월 東京豫防拘禁所에 가게 되었다. 여기에
서 德田球一, 志賀義雄 등과 함께 일본공산당 옥내위원으로 활동했다.

2) 8·15 이후 재일조선인운동에서 김천해

김천해는 일본의 패전과 함께 연합군사령부에 의해 1945년 10월 4일
치안유지법이 철폐되어, 10월 10일 東京豫防拘禁所에서 출옥했다. 그는
출옥에 앞서 德田球一 등과 함께 석방 이후를 대비했다. 이에 따라 일본
인 세포들과 함께 행동하면서 1945년 9월 중순 德田球一을 면회하려 온
椎野悅郎에게 김두용을 찾아가 자신의 억류상황을 알리는 메모를 전달
해 주도록 요청했다. 메모를 받은 김두용은 이전의 동지들을 규합하여,
재일본조선인연맹 준비위원회 사무실에서 송성철, 조희준, 박은철, 남호
영, 김정홍 등과 정치범석방운동간담회를 열고, 정치범석방운동 촉진연
맹을 결성했다.[30] 이 조직은 일본인 단체인 정치범석방위원회와 연합하
여 10월 6일 해방운동희생자구원회를 조직했다. 이러한 조직의 결성은
구금소의 선진인자들의 출옥을 추동했음은 물론이다.

김천해는 10월 10일 오전 10시 德田球一, 志賀義雄 등의 16명의 정치
범과 함께 옥문을 나왔다. 이들은 재일본조선인연맹측에서 모은 조선인
들의 환영을 받았다. 이 자리에서 그는 김두용의 축사 뒤에 연설했다.

한편 재일본조선인연맹은 중앙준비위원회의 주도로 1945년 10월 15·
16일 창립전국대회를 열었다. 4천여명의 참가로 성황리에 열린 대회는

京을 비롯해 12개소에 지국을 설치했다.
30) 최영호, 『재일한국인과 조국광복-해방직후의 본국귀환과 민족단체활동-』, 글모인,
1995, 161쪽.

준비위원장인 조득성을 임시위원장으로 선출했다. 그리고 선언, 강령, 규약을 채택했다. 특히 둘째날에는 대회 시작에 앞서 김천해가 지도하여 김계담이 편집, 발행한 『민중신문』(특집호)가 뿌려졌다.[31] 김천해는 출옥 후 김두용과 재일본조선인연맹을 내용적으로 주도해 갔다.

재일본조선인연맹은 1946년 민주주의민족전선에 대표단을 파견했는데, 재일본조선인연맹 대표 가운데 김천해는 지도고문을 맡았다.

그런가 하면 김천해는 비전향 일본공산주의자 6인과 함께 일본공산당 중앙촉진위원으로 활동했다. 일본공산당 제4회 대회(1945년 12월 1-3일)에서는 정식으로 7인 중앙위원 중 한사람으로 선출되었다. 그리고 1945년 12월 12일 당 확대 중앙위원회에서는 조선인부장에 임명되었다. 당시 조선인 일본공산당원은 송성철(宋性徹), 박은철(朴恩哲), 류종환(劉宗煥), 김병소(金秉韶), 원용덕(元容德) 등이 있었다. 일본공산당 제5회 대회(1946년 2월 4-6일)에서는 중앙위원 겸 정치국 국원, 중앙통제위원으로 피선되었다.

이상과 같이 김천해는 1945년 이후 재일조선인 운동의 구심이었던 재일본조선인연맹을 주도하여 최고고문으로 활동했다. 이 때 그는 재일조선인 운동을 일본공산당의 지도 아래 두었고, 재일조선인 활동가를 일본민주혁명 투쟁에 참가시켰다. 이런 김천해의 활동은 일본공산당 제4회 확대중앙위원회에서 결정한 「8월방침」에 의거한 것이다.[32] 「8월방침」의 내용은 다음과 같다. 1) 각지의 조선인 세포와 플랙션은 일본공산당에 가입하고, 일본인 당원과 일체가 되어 활동할 것, 2) 재일본조선인연맹 기타 조선인 직장에 있는 당원도 일본인 세포에 가입하여 일본인과 함께 활동할 것, 3) 재일본조선인연맹은 민족전선의 역할을 하게 대중적 단일조직을 강화하고 각각의 일본인의 연맹조직에 가맹하여, 중요 포스

---

31) 이밖에도 『우리신문』, 『解放新聞』 등에서 김천해의 글을 확인할 수 있다. 특히 『解放新聞』에서는 북한에서 방송으로 한 연설 등이 실려 있다.

32) 坪井豊吉, 『在日朝鮮人運動의 槪況』, 法務硏修院, 1957, 41쪽.

트에는 당원을 배치할 것, 4) 재일본조선인연맹은 하부조직의 노골적인 민족적 편향을 억제하고 일본의 인민민주혁명의 공동투쟁의 일환으로 그 민족적인 투쟁방향을 내세울 필요가 있으며, 그것이 조선인 자신에게 유리하다, 5) 재일본조선인연맹은 어디까지나 일본의 인민민주전선의 일익을 담당하는 역할을 해야 한다는 것.

1949년 9월 재일본조선인연맹의 강제 해산으로 공직에서 추방된 김천해는 1950년 堺항에서 배편으로 원산에 갔다.

이후 북한에서는 라디오방송을 통해 재일조선인의 반미반제 군비투쟁을 격려하는 활동을 계속했다. 그리고 북조선노동당 중앙위원회 사회부장, 북조선노동당 중앙위원회 대외협력부장, 북조선 최고인민회의 제2기 대의원, 북조선 조국통일민주주의전선 중앙위원회 의원, 북조선 조국통일민주주의전선 중앙위원회 의장 등을 역임했다. 북한에서의 주요 경력을 보면 다음과 같다.[33)]

* 1953년 7월 노력훈장 수훈
* 1956년 4월 노동당 제3차 대회 중앙위원
* 1956년 5월 조국통일민주주의전선 중앙위원
* 1957년 7월 최고인민회의 제2기 대의원 선거를 위한 중앙선거위원회 위원
* 1957년 8월 최고인민회의 제2기 대의원, 동 상임위원회 위원
* 1957년 12월 조국전선 중앙위원회 의장
* 1958년 5월 회갑을 맞아 노력훈장 수훈
* 1961년 5월 조국평화통일위원회 상무위원
* 1962년 8월 중앙선거위원회 위원
* 1962년 10월 최고인민회의 제3기 대의원
* 1966년 8월 조총련계 재일동포의 북송연장을 요구하는 담화 발표
* 1967년 5월 동 북송협정 파기 결정에 대한 비난성명 발표
* 1968년 7월 동 북송협정 재개를 요구하는 평양시민대회에서 보고

---

33) 『北韓人名辭典』, 東西問題研究所, 1990, 122-123쪽.

* 1968년 9월 조국전선 대표단과 라오스애국전선 대표단 간의 공동
  성명 조인 (평양)
* 1968년 12월 북한 정권수립 20주년 축하 조총련 대표단의 일본
  재입국을 요구하는 담화 발표
* 1970년 11월 조국전선 중앙위원회 의장[34]

6. 맺음말

지금까지 김천해의 1920년대 일본지역에서의 활동을 살펴 보았다. 그
의 시기별 주요 내용을 한번 정리해 보면 다음과 같다.

김천해는 東京에 도일한 이후 선진적인 인자들과 교류를 가지면서,
자연스럽게 노동운동 단체에 관계했다. 그로 하여금 조직활동의 중심에
본격적으로 등장하게 했던 것이 동경조선노동동맹회였다. 이후 김천해
는 활동지역을 관동지역에서 가장 많은 수의 조선인 노동자가 거주했던
神奈川으로 옮겨갔다. 향후의 활동과 관련해 神奈川縣에서 했던 활동 가
운데 주목되는 내용은 松田町에서 열린 연설회 방해를 선동해 처음으로
투옥되었던 사실이다. 김천해는 小田原町 弁財天旅館 北辰館에서 체포
되었고, 재판 과정에서 재일조선인들로부터 전폭적인 지지를 받았다. 橫
浜市에서 그는 神奈川縣朝鮮合同勞動組合을 조직하여 상무집행위원으로
활동했으며, 1927년 神奈川縣朝鮮合同勞動組合 집행위원으로 조직을 선
도했다.

김천해가 일본전역을 시야에 두고 활동하기 시작한 것은 재일본조선
노동총동맹 제4회 대회에서부터였다. 이때부터 그는 본격적으로 선진인
자로 등장하기 시작했다. 회장에서 김천해는 선언을 낭독하고, 중앙집행
위원장에 선임되었다. 이러한 김천해의 재일본조선노동총동맹에서의 활

---

34) 이후 북한정치범 수용소인 '승호마을' 정치범 명단에 그의 이름이 보인다.(『조선일
보』 1994. 7. 31.)

동은 조선공산당 일본총국원으로서였다.

김천해는 1928년 5월 조선공산당에 가입하여 조선공산당 일본총국 남부야체이카 소속이었다. 이후 6월 조직 개편 때 책임비서가 되었다. 그는 현실투쟁에 기반을 두고 보다 강력히 조선공산당 일본총국을 지도했던 것으로 다른 인물과 대비된다고 할 수 있다. 물론 1928년 국치일 기념투쟁 같은 경우는 잘못된 전술을 채택하기도 했다.

그의 투쟁에서 특히 빼놓을 수 없는 것이 옥중·공판투쟁이다. 김천해는 감옥 내에서 일제의 탄압에 맞서 옥내 투쟁을 전개했다. 주요한 재일조선인 운동의 계기였던 3·1운동 기념일, 메이데이 등을 옥내 투쟁으로 조직했다. 또한 간수들의 눈을 피해 만세 시위를 주도했으며, 『감방新聞』을 발간하여 영어의 몸이지만 선전·선동을 적극적으로 전개했던 것이다.

해방은 그에게 새로운 투쟁의 시작이었다. 감옥을 나온 그는 식민지시대 전향하지 않은 몇 안 되는 활동가로서의 모습을 그대로 지켜나갔다.

이상과 같이 김천해는 노동자 출신의 선진활동가로 일본지역에서 명망이 높았던 인물이었다. 따라서 그의 활동을 평가하는데 다소 주저함이 없지 않으나, 1920년대 일본지역 당대 최고의 민족해방운동가로 국제주의를 실천했던 사람이었다.

식민지시대 재일조선인운동과 金斗鎔

1. 머리말

역사는 인간의 역사이다. 여기에서 인간의 역사라 함은 역사의 주인이 인간이라는 의미이다. 이와 동시에 인간사가 곧 역사일 수 있다고 해석할 수도 있다. 인간은 역사의 주체이다. 그리고 서술의 주체이기도 하다.

식민지시대 한국사는 조선인의 역사이다. 그 주체는 조선인임과 동시에 일본제국주의도 무시할 수 없는 한 대상이다. 식민지시대사는 역시 한반도가 중심무대였다. 또한 조선인이 있는 곳이면 어디든지 고려해야 할 서술의 대상지역이다. 그리고 그곳의 조선인이 주인공인 것이다.

식민지시대 조선의 민족해방운동사에서는 수많은 인물들이 활약했다. 이 가운데 스스로 자서전을 내거나 후대 사람들이 평전을 통해 조망하거나, 문학이나 사상사 속에서 간접적으로 기술되기도 했다. 그 속에는 일본지역에서 주로 활동했던 사람들에 관한 내용도 있다. 예를 들면 김천해, 김삼규, 박광해 등에 대한 얘기가 그것이다.[1]

재일조선인 민족해방운동사에 있어 기존에 언급된 인물 이외에 걸출한 투쟁을 전개했던 사람이 있다. 그 가운데 다음과 인물평을 갖고 있는 사람이 있다.

---

[1] 김천해에 대한 연구는 이청원과 樋口雄一의 것이 대표적이다. 이와 함께 김삼규의 자서전과 박광해의 회고담 등이 있다.

「그는 온화한 인품에 하얗고 작은 남자였는데 혁명적 정열이 충만
한 에너지를 가진 활동가였다.」[2]

이것은 김삼규의 김두용(金斗鎔)에 대한 회고이다. 일반적으로 알려져
있듯이 김삼규는 무산자사와 조선예술좌 등에서 활동했던 재일조선인 활
동가이다.

김두용은 한국문학을 연구하는 가운데 자주 거론되는 인물이다.[3] 과연
한국문학사에서만 연구의 대상이 되는 인물인지는 의문이다.[4]

필자는 재일조선인 민족해방운동사에서 차지하는 위치가 절대로 작지
않음에도 불구하고 주목받지 못한 김두용에 대해 재조명하고자 한다. 먼
저 생애를 살펴보고, 김두용이 저술한 주요 문건을 통해, 그의 사고 편
력을 확인해 보겠다. 아울러 주요 반일투쟁에서의 활동을 살펴봄으로 그
의 재일조선인운동사 속에서의 위상을 재고해 보겠다.

2. 김두용의 연보와 주요 저작

한 인물의 인생 편력을 완벽히 재현해 낼 수는 없다. 그럼에도 불구하
고 가능한 한 인물의 행적을 객관적 사실로 그려낼 필요는 있다. 김두용

---

2) 金三奎 外, 『朝鮮と日本のあいだ』, 朝日新聞社, 1980, 22쪽.
3) 프로문학에 대한 연구에서 김두용에 대해 자주 언급하고 있는데 그 내용은 다음의
   연구 성과를 참조할 수 있다. 정홍섭, 「1920~30年代 文藝運動에 있어서의 方向轉換
   論 硏究」, 서울대석사, 1989, 조정환, 『민주주의 민족문학론과 자기 비판』, 연구사,
   1989, 朴明用, 『韓國프롤레타리아文學』, 글벗사, 1992, 역사문제연구소 문학사연구모
   임, 『카프문학운동연구』, 역사비평사, 1990, 이균영, 「식민지시대의 문학운동-KAPF를
   중심으로-」, 『일제 강점기하의 사회와 사상』, 신원문화사, 1991, 임규찬 엮음, 『일본
   프로문학과 한국문학』, 연구사, 1987, 권영민, 「카프의 조직과 해체·Ⅲ-문예운동의
   방향전화과 카프조직의 확대」, 『문예중앙』, 1988. 가을, 권영민, 「카프의 조직과 해
   체·Ⅳ-예술운동의 볼세비키화 과정과 제1차 검거사건」, 『문예중앙』, 1988. 겨울, 任
   展慧, 『日本における朝鮮人の文學の歷史-1945年まで-』, 法政大學出版局, 1994.
4) 약전의 형식으로는 박경식의 글을 참조할 수 있다.(『アジア問題硏究所報』 (7), 1992. 9.)

의 경우 연보를 통해 그 행로를 확인해 보자. 1903년에 태어나 북한에서
죽었는지 살았는지 알 수 없는 그의 연보는 다음과 같다.

【 김두용의 연보 】

- 1903년 함경남도 함흥 출생
- 舊制 三高를 거쳐 동경제대 미학과 중퇴
- 新人會 가입, 反帝同盟 참가
- 1927년 조선프롤레타리아예술동맹 동경지부 결성에 참가 『藝術
運動』 창간
- 1929년 無産者社 조직, 위원장, 『無産者』 창간
- 1929년 11월 재일본조선노동총동맹의 일본노동조합전국협의회로
의 해소 합동 때 이론적 근거 제시
- 1930년 4월 당재건협의회 사건에 관련되어 치안유지법 위반으로
검거, 출옥 후 일본프롤레타리아문화연맹(코프) 조선협의회 위원
장 역임
- 1931년 11월 同志社 결성
- 1932년 전협 산하 일본프롤레타리아문화연맹 조선협의회 위원장,
기관지 『우리동무』 편집장
- 1933년 12월 검거되어 징역 2년의 형을 언도받고 1934년 4월 출옥
- 1935년 『生きた新聞』, 『文學評論』 등에 원고 집필
- 1935년 5월 朝鮮藝術座 창립에 참가, 위원장
- 1936년 7월 검거·기소되어 1939년 1월 징역 1년 8개월 판결
- 태평양전쟁 중 전향
- 1945년 朝連에 참가, 朝鮮人政治犯釋放連盟委員長
- 日本共産黨 朝鮮人部 副部長, 中央委員 候補
- 『민중신문』, 『우리신문』, 『해방신문』에서 활동
- 1948년 11월 북한 귀국
- 북조선노동당 제2차 대회에서 당 중앙위원회 후보위원, 990표 가
운데 유일하게 반대 받은 것으로 유명
- 전향 전력으로 제3차 대회에서는 후보가 되지 못함
- 역사편찬위원회, 外國文出版社 편집 담당, 海州博物館 직원

- 국제무역위원회 기관지 편집 담당
- 淸津제관공장 근무

이러한 김두용의 활동 가운데 그가 저술한 확인 가능한 문헌을 정리하면 다음과 같다.

【김두용의 주요 저작】

- 「정치적 시각에서 본 예술투쟁-운동 곤란에 대한 의견-」, 『無産者』(3-1), 1929. 5.
- 「川崎亂鬪事件の眞相」, 『戰旗』(2-7), 1929. 7.
- 「우리는 엇더케 살 것인가」, 『無産者』(3-2), 1929. 7.
- 「우리는 엇더케 싸울 것인가」, 『無産者』(3-2), 1929. 7.
- 「在日本朝鮮勞動運動は如何に展開すべきか?」(1929. 11. 무산자사)
- 「朝鮮のメーデー 」, 『戰旗』(2-5), 1929. 5.
- 「日韓合倂하기까지」, 『無産者』(3-3), 1929. 8.(발간예고)
- 「飯場」, 『創刊第二準備號』(ウリトンム), 1932. 8.
- 「同志よ安らかに眠れ!」, 『プロレタリア文學』 (2-4) 4・5 合倂號, 1933. 5.
- 「社會主義的リアリズムかxxxリアリズムか」, 『文學評論』(2-7), 1935. 6.
- 「文化・文學諸問題]をめぐり右翼的左翼的偏向について」, 『生きた新聞』, 1935. 4.
- 「文化戰線の見透しを批判す」, 『生きた新聞』, 1935. 3.
- 「インテリゲンチャ論は何故擡頭したか」, 『生きた新聞』, 1935. 4.
- 「창작방법의 문제-리얼리즘과 로맨티시즘-」, 『동아일보』, 1935. 8. 24.
- 「프로문학의 전도-근로민중의 이익을 목표로-」, 『동아일보』, 1936. 1. 7.
- 「창작방법문제에 대하여 재론함」, 『동아일보』, 1935.11. 6.-12. 10.
- 「조선문학의 평론 확립의 제문제」, 『신동아』(6-4), 1936. 4.
- 「사회주의 리얼리즘 재검토-4씨의 서한집」, 『조선문학』(7), 1936. 6.

- 「質疑に答へて」,『文藝山脈』, 1935. 11.
- 「魂の哲學」,『大衆の哲學』, 1936. 4.
- 「朝鮮藝術座の近況」,『テアトロ』, 1936. 5.
- 「일본에서의 조선인문제」,『前衛』(創刊號).
- 「조선인운동은 전환하고 있다」,『前衛』(14號).
- 「조선인운동의 올바른 발전을 위해」,『前衛』(16號).
- 「ホテル・ルツクスの話-食堂の國際的光景」,『時局新聞』, 1935. 12. 16.
- 「文化擁護-プロ・ジャ-ナリズムの問題-」,『時局新聞』, 1936. 1. 1.
- 「新朝鮮建設講座」(1), (2), (4), (6),『民衆新聞』, 1946. 3. 25, 4. 15, 6. 5, 6. 25.
- 「8・29, 9・1을 기념하면서」,『民衆新聞』, 1946. 9. 1.
- 「자본가 지주의 착취억압에서 인민해방의 위업」,『民衆新聞』, 1946. 11. 15.
- 「만세교우에서 대학살을 감행」,『民衆新聞』, 1947. 2. 20.
- 「국제결혼가부」,『民衆新聞』, 1947. 3. 1.
- 「선거권・피선거권을 요구하는 이유」,『民衆新聞』, 1947. 3. 15.
- 「조련 조직의 강화를 위하야」,『民衆新聞』, 1947. 4. 25.
- 「조국에 도라가며」,『民衆新聞』, 1947. 7. 1.
- 金斗鎔・江口渙, 「朝鮮プロレタリア文學運動の史的展望」,『民主朝鮮』, 1949. 9.
- 『日本における反朝鮮民族運動史』, 鄕土書房, 1947.
- 『朝鮮近代社會史話』, 鄕土書房, 1947.

이상과 같이 김두용의 저작은 역사일반과 문학 그리고 선전 문건, 사건에 대한 기사 등 다양한 내용들로 이루어져 있다.

3. 1920년대 재일조선인운동과 김두용

1) 조선프롤레타리아예술동맹 동경지회

조선프롤레타리아예술동맹 동경지회의 창립경과를 볼 때는 먼저 제3전
선사 결성부터 확인하는 것이 타당하다. 임화, 한식, 이북만, 김두용, 조중
곤 등은 1926년 11월 東京에서 프롤레타리아 예술의 임무를 창작에만 국
한하는 것이 아니라, 투쟁을 통해 프롤레타리아 계몽을 실행하기 위해 예
술을 무기로 하는 운동을 전개하기로 하고, 1927년 3월 잠정기관으로 제3
전선사를 조직했다.5) 이 조직은 카프의 재조직 후 자진 해체하고, 『개척』
의 동인과 함께 조선프롤레타리아예술동맹 동경지부로 전환했다.6)

조선프롤레타리아예술동맹 동경지부는 10월 2일 창립대회를 신간회
동경지회관에서 개최했다. 그리고 다음의 내용을 결의했다. 1. 지부 규약
통과, 1. 신간회 지지의 건, 1. 조선총독폭압정치반대동맹에 가맹의 건,
1. 검열제도개정기성동맹에 가맹의 건, 1. 기관지 발행의 건. 이 때 임원
선거가 있어, 김두용은 재정부 상임으로 선출되었다.7)

조선프롤레타리아예술동맹 동경지부는 조선어 기관지로 『藝術運動』을
1927년 11월 15일 창간했다. 창간호의 편집인 겸 발행인은 김두용이었다.

당시 동경지부 구성원의 예술운동에 대한 태도는 福本主義의 영향을
강력하게 받았다. 내부에서는 이북만과 김두용을 축으로 하는 대립 구도
가 조성되기도 했다.

조선프롤레타리아예술동맹 동경지부는 '전위양성소'와 같은 역할을
했는데, 실제로 그 구성원인 이북만, 김두용, 고경흠, 최병한, 황양명, 조
중곤, 이우적, 장준석 등이 재일조선인 민족해방운동단체에서 주도적인

---

5) 任展慧, 『日本における朝鮮人の文學の歷史-1945年まで-』, 法政大學出版局, 1994, 참조.
6) 김기진, 「초창기에 참가한 늦둥이 나의 회고록」, 『카프시대의 회고와 문학사』, 태학
사, 1990, 438쪽.
7) 『藝術運動』(創刊號), 1927. 11, 53쪽.

활동을 했다. 이들은 일체의 투쟁을 정치투쟁이라고 사고하고 재일조선인 민족해방운동을 일선에서 선도했다.

2) 무산자사에서의 활동

'재건고려공산청년회 일본부'는 구역국 회의에서 논의, 정리된 활동방침에 따라 선전활동을 활발히 전개했다. 선전활동을 위해 신문 및 잡지의 출판위원에 고경흠, 조재홍(曺在洪), 김시용(金時容)을 충원하고, 여기에 장준석(張準錫), 김두용, 이북만을 참가시켜 조직을 만들었다.

한편 일본으로 간 김치정, 양명준, 이평산, 황학노, 김소익, 이북만, 임인식 등은 1929년 4월 이래 '재건고려공산청년회 일본부'와 별도로 당재건 운동을 전개했다. 이들은 내부 회의에서 다음과 같은 내용을 정리했다. 1) 혁명적 노동자, 농민을 광범위하게 조직하여 당을 재건할 것, 2) 무산자사를 당재건준비기관으로 할 것, 3) 선전, 선동 및 조직을 위해 기관지를 발행할 것, 4) 『무산자』를 재건당의 기관지로 할 것. 이러한 내용에 따라 1929년 5월 합법 출판사로 무산자사를 김두용, 이북만 등이 주도하여 조직했다.[8] 1929년 11월, 조선프롤레타리아예술동맹 동경지회가 해체를 선언하고 여기에 가입했다.[9]

이 조직의 운동목표는 예술투쟁을 버리고 정치, 경제투쟁으로 돌입하여 프롤레타리아 예술의 올바른 길을 창출하는 것이었다. 그런데 조직 내에서는 재일조선인 공산주의운동의 헤게모니를 둘러싸고 고경흠, 김치정, 김두용 등에게 지도되었던 그룹과 정희영, 김동하 그룹 사이에 '무산자사'의 해체를 둘러싸고 논쟁이 전개되었다.

전개된 논쟁의 요지를 보면, 무산자사의 해체를 주장하는 쪽은 "재일

---

8) 「조선공산당재건운동」, 김정명, 『조선독립운동』(4), 1054쪽.
9) 여기에서도 김두용의 「재일본조선노동운동은 어떻게 전개해야 하나」(1929. 11)가 이론적 토대가 되었다고 한다.(앵봉상인, 「조선프롤레타리아 예술운동소사」, 『예술』, 1945. 8, 65쪽.)

조선노동총동맹이 코민테른의 일국일당주의 원칙에 따라서 해체된 오늘
에 있어 일본에서 조선인들만의 집단을 결성하여 일본 좌익단체와는 물
론 보석상태에 있는 조선의 전위들과도 연락하지 않으면서, 더욱이 무산
자 청년의 무산자신문 배포망에도 들어가려 하지 않고 독자반 조직을
따로 계획하는 것은 반동적이다"고 했다.

무산자사에서 활동하던 김두용은 프로문학자로서의 예술운동론을 견
지했다. 그의 첫 공격 대상은 김기진이었다. 김두용은 김기진의 예술운
동론을 합법적 영역에서의 작품 활동만을 주장했다면서 예술운동의 정
치적 성격을 강조했다.

'합법적 작품 행동'과 '영웅적 투쟁'이라는 표현으로 요약되는 김기진
과 임화의 예술운동에 임하는 태도10)는 조선프롤레타리아예술동맹 경성
본부와 동경지부의 현실 대응의 차이였다. 논쟁의 과정에서 김두용은 임
화와 같은 입장에서 김기진을 비롯한 경성 본부 전체에 대해 신랄한 비
판을 퍼붓고 있었던 것이다.11)

특히 김두용은 기존의 예술 운동이 관념적이었다고 비판하고 있다.
단순하고 일반적이며, 조잡한 마르크스주의와 얼마 안 되는 예술적 재능
을 가지고 무산 계급 운동의 일익을 감당하려고 출발했기 때문에, 보다
구체적이고 복잡한 현실의 정치 투쟁 과정에서는 자기 자신을 현실에
맞추거나, 현실을 곡해하거나 이해한 척 밖에 할 수 없었다고 했다.12)
이와 함께 조선의 프로 문학자들이 프로예술을 팔아서 문단에서의 명예
를 보전하며, 민족 문학자와 협력하여 반동적 문학을 선전하는 몰락한
소부르조아 문사 이외에 아무 것도 아니라고 비판하고 있다.13)

---

10) 임화, 「김기진군에게 답함.」, 『朝鮮之光』(88), 1929. 11, 69쪽.
11) 박성구, 「일제하(1920년대 중반-1930년대초) 프롤레타리아 예술운동에 관한 연구
    -KAPF 경성 본부와 동경 지부의 대립적 양상을 중심으로-」, 『일제 하 한국의 사회
    계급과 사회변동』(한국사회사연구회 논문집 제12집), 문학과 지성사, 1988, 337쪽.
12) 김두용, 「정치적 시각에서 본 예술 투쟁」, 『무산자』 제1호(1929. 5.), 박경식 편,
    『조선문제 자료총서』(5), 아시아문제 연구소, 1983, 458쪽.

김두용은 참다운 프롤레타리아트의 격정을 짜는 참다운 프롤레타리아트의 예술이 생산되었다고 할지라도 정치적 자유를 빼앗긴 상태에서 그것이 얼마나 프롤레타리아 대중에게 퍼질 수 있는지 의문이라면서[14] 정치 투쟁을 역설했다. 그는 임화와 마찬가지로 정치 투쟁을 지나치게 강조했다. 보다 구체적인 내용을 보면 다음과 같다.

「1. 참으로 프롤레타리아 예술의 생산이 없는 곳에 예술 운동이 가능하다는 환상은 단연 버리지 않으면 안 된다.
 2. 프로 예술이 생산되어도 지금의 정치적 부자유 밑에서는 '공장의 중,' '농촌의 속'에 주입할 수 있다고 생각하는 환상은 버리지 않으면 안 된다.
 3. 그러하므로 일반으로 '예술 투쟁은 정치 투쟁의 일부분이다'라는 등의 방만은 버리지 않으면 안 된다. 진실히 예술 투쟁이 정치 투쟁의 일부분으로 되려면 그는 정치 투쟁의 한가운데에 서지 않으면 안 된다.
  연고로 우리의 금일 슬로건은 이러하다. "정치 투쟁으로 들어가라!"
  그래서 예술의 문을 나오는 것은 예술의 문으로 들어가는 것이다.
  왜냐하면 거기에야 프롤레타리아트의 생활이 있으니까.」[15]

이러한 논리는 무산자사가 소위 ML계 조선공산당 재건운동과 이면적으로 연계되어 있었다. 따라서 그들이 표면적으로 내세우는 예술운동 역시 당 재건을 조력하기 위한 선전 운동의 일부였을지도 모른다. 이 점은 김두용의 「우리는 어떻게 싸울 것인가」에서 확인된다. 그는 예술의 역할을 선전 선동의 힘을 갖고 정치 투쟁의 일부분이 되거나, 대중 속으로 침투시켜서 예술의 정치적 기능을 다했다는 식의 막연한 것이 아니라,

---

13) 김두용, 「우리는 어떻게 싸울 것인가」, 『무산자』 (3-2)(1929. 7), 34쪽.
14) 김두용, 「정치적 시각에서 본 예술 투쟁」, 『무산자』 (3-1), 박경식 편, 『조선문제 자료총서』(5), 아시아문제연구소, 1983, 462쪽.
15) 김두용, 「정치적 시각에서 본 예술 투쟁」, 『무산자』 (3-1), 박경식 편, 『조선 문제 자료총서』(5), 아시아문제연구소, 1983, 462쪽.

프롤레타리아트의 조직 사업을 조력하는 데 있다고 그 목적을 명확히 했다.[16)]

김두용은 조선프롤레타리아예술동맹의 대중단체적 성격에 대해서도 비판했다. 그는 1927년 9월 조선프롤레타리아예술동맹이 재조직될 때 대중 단체를 지향했던 것은 무엇보다 예술운동을 정치 투쟁과 제대로 연결시키지 못한 데서 연유했다면서 예술운동은 우선적으로 진정한 아지프로 예술과 이를 생산하기 위한 기술이라면서, 예술운동을 위한 단체는 계급 혹은 계층의 경제적·정치적·사회적 기초를 가진 노동조합·청년동맹 등과는 다르다고 했다.[17)]

이와 함께 김두용은 예술의 각 부문이 어떠한 내용으로 운동을 전개할 것인가를 당 재건을 위한 선전 선동이라는 과제와 결부시켜 구체적인 내용을 제시했다.[18)] 먼저 영화의 경우 쟁의 현장을 영사할 것, 음악의 경우 노동자가 부를 만한 노래와 가곡을 만들 것, 미술의 경우 포스터·삐라 기타 만화와 컷 등을 출판물과 결부시킬 것, 연극의 경우 이동극장을 확립하여 이를 기초로 대중적 공연을 실현할 것, 문학의 경우 생활 감정이 박약하더라도 슬로건·삐라적일 것 등이었다.

이상과 같은 김두용의 예술운동론은 '비합법적 정치 투쟁론'에 입각한 것이었다. 따라서 예술 대중화 문제를 둘러싼 김기진의 '합법적 작품 행동론'과의 대립은 예술운동 부문에서의 합법주의와 비합법주의의 분화·대립의 과정이었으며, 이것은 방향전환 과정에서 볼셰비키화 단계로 전이하는 과도적인 구실을 했다.[19)]

---

16) 김두용, 「우리는 어떻게 싸울 것인가」, 『무산자』 (3-2)(929. 7).
17) 김두용, 「정치적 시각에서 본 예술 투쟁」, 『무산자』 (3-1)(1929. 5.), 박경식 편, 『조선문제 자료총서』(5), 아시아문제연구소, 1983, 461-62쪽.
18) 김두용, 「우리는 어떻게 싸울 것인가」, 『무산자』 (3-2) 36~37쪽.
19) 박성구, 앞의 논문, 361쪽.

4. 1930년대 재일조선인운동과 김두용

1) 동지사에서의 활동

무산자사에서 활동하다가 검거를 피한 김두용, 박정석, 이북만 등은 조선프롤레타리아 예술동맹 동경지부 구성원, 동경조선프롤레타리아 연극연구회원, 東京의 조선인 유학생과 1931년 11월 동지사를 결성했다. 강령은 정당한 마르크스주의적 예술이론을 가지고 기술을 수련하는 연구집단인 일본프롤레타리아 문학연맹[20]과 조선프롤레타리아 예술동맹을 적극적으로 지원·지지하고, 확대 강화를 위해 투쟁한다면서, 조선과 일본 프롤레타리아 문학 연구의 지원과 조직의 강화에 초점을 맞추었다. 그리고 조직의 임무는 재일본 조선 노동자·농민 사이에서의 예술운동과 조선 국내 예술운동의 원조라고 규정했다.[21]

동지사는 조직 내에 작가·연극·영화·음악·미술의 5개 부문을 설치했다.

2) 재일조선인 민족해방운동의 해체논의와 김두용

무산자사에서 투쟁을 계속 하던 김두용은 이의석, 김호영 등과 1929년 9월부터 일본인 공산주의자와의 긴밀한 협의 아래, 재일본조선노동총동맹의 해체운동을 주도했다. 그 내용을 보면 다음과 같다.

이성백은 1929년 9월 말 김두용을 권유하여 재일본조선노동총동맹 중앙에서 활동시키고, 10월 중순 재차 재일본조선노동총동맹 관동지방협의회를 개최했다. 여기에 모인 김두용, 이성백, 이의석, 임철섭, 김추신, 정선호, 설상렬(薛相烈), 이선형(李善珩), 김혁(金革), 권일선(權一宣), 이복조(李福祚) 등은 종래의 재일본조선노동총동맹은 민족해방 투쟁을 기조

20) 이하 코프로 칭한다.
21) 任展慧, 『日本における朝鮮人の文學の歷史』, 法政大學出版局, 1994, 166쪽.

로 한 좌익투쟁에 빠져 있었기 때문에 일본제국주의의 특수한 탄압을 받고 운동전선이 복잡해졌다면서, 재일본조선노동총동맹 전국대표자회의를 열어 운동을 재건하고, 11월 말 전국대표자회의를 개최하기로 결정했다. 그리고 준비위원으로 임철섭, 이북만, 장석준, 정선호, 설상렬을 뽑고, 다시 재일본조선노동총동맹의 임시 상임위원으로 김두용, 이의석, 이선형을 선임했다.

김두용, 이의석, 임철섭, 이선형 등의 재일본조선노동총동맹 중앙간부는 재일본조선노동총동맹을 해체하여 전협으로 합류하는 방침을 확립하고, 여기에 대한 자문을 전국대표자회의에 구하기로 결정했다. 이것을 준비·진행하고 동시에 해체의 취지를 철저히 선전하기 위해 팜플렛을 발행했다. 이 문건은 재일본조선노동총동맹 전국대표자회의에 제출하기 위해 김두용이 작성했다. 제목은 「在日本朝鮮勞動運動は如何に展開すべきか」22)이다. 김두용은 이의석, 정희영 등과 협의하고, 淺沼23)에게 공람시킨 후 팜플렛으로 무산자사에서 발행했다.

팜플렛 「在日本朝鮮勞動運動は如何に展開すべきか」은 기존 운동의 오류를 지적하고, 그 대신 조직을 재편하여 일본공산당의 지도 아래 들어갈 것을 제기했다.

　"종래 재일본조선노동총동맹은 노동계급 독자의 투쟁을 등한시하고 조선공산당의 지도 아래에 활동하며 혹은 조선 내의 민족적 투쟁과 결합하여 노총의 혁명적 조합투쟁을 방해했다. 또한 일본 좌익단체와 연락이 지속적이지 않았기 때문에 일본제국주의의 특수한 탄압에 중심분자를 잃게 되었다. 이것은 분명히 운동방침의 오류에서 야기된 것이다."

---

22) 김정명, 『조선독립운동』(5), 1018-1036쪽.
23) 전협과의 연락은 김두용이 1929년 11월부터 같은 해 말까지 전협의 관계자 淺沼 (早稻田大學 哲學科生)와 早稻田소비조합, 동경제국대학신문사 등지에서 여러차례 만나 이루어졌고, 그후 김호영, 임철섭 등이 이 일을 담당했다.(『特高月報』, 1930. 4, 132쪽.)

"종래 조선공산당의 지도 아래에 있어 특수한 탄압을 받았기 때문에 일본 내지에서는 일본공산당의 지도 아래 들어가 이 지배계급의 공세에 대항해야 한다. 진실로 노동계급의 이익을 옹호 획득하는 길은 전 노동계급의 공동투쟁 이외에 아무 것도 없다. 재일본 조선 노동계급의 이익을 대표하여 충실하게 투쟁하기 위해서는 모든 민족적 투쟁을 버리고, 오로지 좌익노동조합으로 들어가 철저히 권력 획득을 위한 투쟁을 수행해야 한다. 조·일 노동자의 노동 조건은 완전히 일치하고 임금의 차별, 민족적 차별 등의 특수한 탄압은 일본노동계급을 위한 것이 아니며 일본제국주의의 소산이기 때문에 이들 차별의 철폐는 일본노동계급과의 협력 없이는 실현이 불가능하다."

그리고 김두용은 일본에서 노동계급의 계급적 이해를 옹호하고 권력 획득 투쟁을 수행하는 혁명적 노동단체는 전협이기 때문에 여기에 합류하는 것이 타당하다고 했다.

마침내 11월 중순 김두용은 이의석 등과 지방에서 재일본조선노동총동맹 가맹조합의 상황을 조사하고, 京都에서 회합을 가졌다. 尼崎방면에서 활동하고 있던 이윤우도 전협으로의 해소에 찬성이었다. 김두용은 이의석, 이윤우 등과 계속 재일본조선노동총동맹 본부와 연락을 취했다. 김호영도 大阪, 兵庫 등의 동지와 여러 차례 만나서 전국대표자회의의 개최를 준비했다. 몇 차례에 걸쳐 그 날짜를 변경한 후 회의 장소는 당일까지 위원들에게도 비밀에 부쳐졌고, 시간은 심야로 선택하는 등 치밀한 준비 아래 1929년 12월 14일 밤 大阪市 西成區 南通 8丁目의 김용주 집에서 전국대표자회의 및 확대중앙집행위원회가 열렸다.[24]

이 자리에 김두용은 재일본조선노동총동맹 중앙의 구성원으로 김두용, 이의석, 이선형과 참석했다. 東京조선노동조합 대표 이윤우, 新潟縣조선노동조합 대표 박완균(朴玩均), 정금술(鄭今述), 전창영(田昌永), 北陸조선노동조합 대표 김명기(金明基), 愛知縣조선노동조합 대표 손우석(孫禹錫),

---

24) 김정명, 「내선합체기운동」, 『조선독립운동』(4), 1948쪽.

지경재(池境宰), 京都조선노동조합 대표 박신한(朴新漢), 김진우(金鎭禹), 大阪조선노동조합 대표 김문준, 조몽구(趙夢九), 김영수(金榮洙), 박영만(朴永萬), 兵庫縣조선노동조합 대표 최경식 등과 방청객의 자격으로 김호영이 참가했다. 한편 이성백의 神奈川縣조선노동조합은 여기에 대표를 파견하지 않았다.

회의는 의장 김두용, 부의장 박완균에 의해 시작되었다. '재일본조선노동총동맹은 해체하여 전협으로 가맹할 것', '1산업 1조합주의에 따라 재일본조선노동총동맹을 재조직하고, 현 조합은 투쟁과정에서 점차 산업별 조직으로 변경할 것'을 결의했다. 그리고 선언, 강령, 규약, 투쟁방침을 회의의 수정 의견을 참조하여 작성할 것을 결의하고, 강준섭, 이성백, 이정규를 규약위반으로 제명하는 한편, 김호영의 복권을 승인하고 각 가맹조합을 전협으로의 해체투쟁으로 견인하기 위해 새로이 중앙위원회를 조직했다. 중앙집행위원회에는 김두용을 비롯하여, 이의석, 임철섭, 이윤우, 김호영, 설상렬, 황해운, 김혁, 최무성, 김문준, 조몽구, 박영만, 김영수, 김진우, 손우석, 지경재, 권일선, 김광제, 박완균, 정금술 등을 그리고 회계감사에 이동화, 김태문을 선임했다.

중앙집행위원은 회의 종료 후 위원회를 열어 상임위원에 김두용, 김호영, 이의석, 임철섭을 뽑고 그들은 각자의 부서를 담당했다. 위원장 겸 교육출판부는 김두용이 담당했다. 서무부 및 재정부 : 이의석, 조직부·선전부 및 부인부 : 임철섭, 쟁의부 및 청년부 : 김호영이 맡았다.

결국 재일본조선노동총동맹은 전협으로의 가맹 방침을 전국대표자회의에서 만장일치로 가결시켰다. 이후 김두용을 중심으로 김호영, 임철섭, 이의석 등은 東京에 가서 상임위원회를 열고, 재일본조선노동총동맹 신 중앙위원회, 상임위원회의 해체와 그에 대신할 기관으로 전협 조선인위원회의 설치를 결정했다.[25]

---

25) 金森襄作은 여기에 대해 사전협의가 전협과 없었다고 하나(渡部徹·木村敏男, 『大阪社會勞動運動史』(2)(戰前編(下)), 有斐閣, 1989, 1371쪽.) 전술했듯이 해체논의의 과

이러한 해체 논의는 재일조선인 노동 대중과 괴리된 가운데 진행되었다. 따라서 일방성과 세몰이 가운데 하달식으로 일본전역을 풍미했다. 재일본조선노동총동맹의 해체가 확정되는 1929년 말의 시기에도 재일조선인의 노동 투쟁은 멈추지 않았다.

1930년 1월 12일 김두용, 이의석, 김호영 세 사람은 도봉섭(都鳳涉)의 집에서 상임위원회를 열고, 재일본조선노동총동맹 해체를 전제로 지도부인 중앙상임위원회를 해체하여 전협 조선인위원회로 개칭할 것을 결정했다. 그리고 서면에 의해 중앙위원회에 회부하여 지령, 기관지, 뉴스 등을 발행하고 가맹조합의 해소운동을 촉진해 나아갔다.

해체과정에서 일정한 거리를 갖고 논의를 전개했던 大阪에서는 그 이전부터 내부에 논쟁이 있었다. 大阪의 남영우, 윤동화, 정남국, 김광 등은 재일본조선노동총동맹이 일상적인 요구 투쟁보다 계급투쟁에 힘을 집중시켰다고 공공연히 비판했다. 한편 새롭게 大阪조선노동조합 집행위원장에 취임한 김문준은 그들을 관헌의 스파이로 낙인찍어 제명처분했다. 이렇게 제명처분을 받은 사람들은 부당하다고 즉시 처분 취소를 중앙에 제기했다. 이것이 이른바 '대판사건'의 빌미이다. 당시 남영우, 윤동화는 본부 집행위원까지 겸임하고 있어 노선문제로 발전할 소지가 있었다. 결국 이러한 정황을 그대로 방치하면 재일본조선노동총동맹 전체에 파급될 위험이 있어, 재일본조선노동총동맹 중앙은 제4회 대회에서 이 문제를 논의했던 것이다. 1928년 5월에 열린 재일본조선노동총동맹 제4회 대회에서는 전술했듯이 남영우, 윤동화의 제명을 취소하고 정남국의 무기정권, 김광의 제명이라는 절충적 조치로 낙착되었다.

3) 東京藝術座에서의 활동

1936년 1월 재일 조선 민족의 연극 활동을 수행하고 재일조선인의 문

정이 철저히 전협의 지도에 따랐던 것에서 알 수 있듯이 그것은 사실과 다르다.

화적 요구를 충족시키며, 동시에 조선의 진보적 연극 단체의 수립을 도
모하기 위해 東京新演劇協會의 합동 제안으로 東京新演劇協會, 朝鮮藝
術座, 學生藝術座가 통합하여 동경예술좌로 출범했다.26)

　　위원장은 김두용이 맡고, 위원으로는 한홍규(韓弘奎), 오정민(吳禎民),
김우현(金禹鉉), 안정호(安禎浩), 윤북양(尹北洋), 최병한(崔丙漢) 등이 선
임되었다. 활동의 주요한 목표는 다음과 같다. 1) 연극활동을 통한 조선
의 미조직 대중의 계몽과 전선통일의 역할을 담당함, 2) 현재의 객관적
정세는 비합법적 활동에 의한 피압박계급의 해방이 불가능하기 때문에
합법적 범위 내에서 민족연극을 통해 민족적, 계급적 의식의 고양에 노
력하는 동시에 전선통일을 도모하여 조선 민족해방의 목적을 달성함, 3)
공산주의사상을 기조로 한 진보적인 민족 연극을 통해 재일본 조선민족
으로 하여금 비판적 정신을 갖도록 지도, 고양시켜 자본주의에 의한 착
취와 억압을 여실히 이해시켜서 그들을 해방전선으로 유인함이었다.27)

　　여기에서 김두용은 김삼규 등과 동경예술좌를 주도했다.28)

5. 해방과 김두용

1) 재일본조선인연맹에서의 활동

　　1945년 10월 15, 16일 재일본조선인연맹29)이 결성되었다. 조련의 결성
준비과정에서는 권일과 김두용, 박은철 사이에 의견이 대립했다. 그 이
유는 조선인정치범석방위원회와 일본공산당재건에 준비위원회의 자금
사용건 때문이었다.30)

---

26) 朴慶植, 『在日朝鮮人運動史-8·15解放前-』, 三一書房, 1979, 281쪽.
27) 司法省刑事局, 『朝鮮人の共產主義運動』(『思想硏究資料』 特輯第71號), 1940, 참조.
28) 김두용은 김삼규와 1936년 8월 중순 이후에 검거된다.
29) 이하 조련으로 약칭한다.

이 조직은 김두용, 김천해, 박은철 등에 의해 지도되었다. 특히 김두용은 조희준, 김정홍, 송성철, 박은철 등과 정치범석방촉진연맹을 결성하고, 위원장으로 활동했다.

김두용은 일본공산당 기관지 『前衛』 창간호에서 초기 조련 조직 방침을 비판했다.

> "조련을 창설할 때 중앙간부 중에 協和會, 興生會, 一心會에서 일본제국주의에 적극 협력했던 사람들이 참여하여 일본정부에 대해 단지 교섭행위만을 행하고 해방된 조선을 과거의 흥생회와 같은 일본정부의 어용기관으로 하려고 책모했다."[31]

이러한 비판에 김두용 자신도 절대 무관하지는 않았으나 직접적인 상대는 권일(부위원장), 강경옥(지방부장), 이능상(정보부장) 등이었다. 조련의 결성과 함께 김두용은 정치범 석방운동을 전개했다.

1945년 9월 중순 옥중의 德田球一을 면회한 椎野悅郎은 김두용에게 자신의 억류 상황을 알리는 메모를 전달해 달라는 요청을 받고, 김천해의 메모를 김두용에게 전달했다. 9월 24일 東京 淀橋區의 조련 준비위원회 사무소에서 김두용은 송성철, 조희준, 남호영, 김정홍 등과 '정치범석방운동 촉진연맹'을 결성했고, 위원장이 되었다. 이와 함께 大阪에서는 10월 초에 송성철, 김민화, 송경태, 박대용 등이 '정치범석방운동 촉진연맹 관서지부'를 조직했다.

9월 25일 김두용은 선두에서 미점령군 총사령부에 출두하여 정치범과 사상범의 석방을 진정했다. 여기에 대해 총사령부는 '재일조선인'이라는 데 동정했다. 진정단은 김천해와 일본공산당 간부의 석방을 요청했다. 마침내 10월 10일 총사령부는 정치범 석방의 지령을 내려 김천해와 일본공산당 간부를 석방했다.

---

30) 朴慶植, 『解放後在日朝鮮人運動史』, 三一書房, 1989, 58쪽.
31) 金斗鎔, 「日本における朝鮮人問題」, 『前衛』 1946. 2, 14-15쪽.

마침내 10월 10일 오전 10시 府中拘禁所에서는 16명의 정치범이 석방됐고, 김두용은 '해방운동 희생자 구원회'를 대표하여 환영사를 했다.

한편 10월에 결성된 조련은 11월에 조직변화가 생겼다. 중앙위원회 구성원이 바뀌어 조직 핵심에 신홍제(총무부), 배철(지방부), 김두용(정보부)이 포진하게 되었다. 그리고 조련이 재일조선인의 대중적 지지에 기초하게 되었다.[32]

그런가 하면 일본공산당은 재건되어 1945년 12월 1일부터 3일까지 제4회 전당대회가 열렸다. 이 대회에서는 당규약 제18조에 의해 당중앙위원회 내에 조선인부를 설치했다.[33] 12월 12일 당 확대중앙위원회는 조선인부장에 김천해, 부부장에 김두용을 임명했고, 부원은 송성철, 박은철(朴恩哲), 유종환(劉鍾煥), 김병소(金秉韶), 원용덕(元容德) 등이었다.

1946년 2월 4일부터 3일 동안 열린 일본공산당 제5회 전당대회에서는 당 중앙위원에 김천해, 후보위원에 김두용-], 송성철, 박은철 등이 선출되었다. 일본공산당 서기국의 지령 71호와 140호에 호응한 김두용은 『前衛』에 세차례에 걸쳐 문건을 발표했다.

1946년 남한에서는 조선민주주의민족전선 결성대회가 서울시기독교청년회관에서 열렸다. 여기에 일본에서는 사절단을 보내기로 하고, 김두용, 송성철, 김천해, 김정홍, 이병석 등을 임명했다. 이 대회에서는 305명의 중앙집행위원이 발표되었고, 추인으로 20-30명을 추가하기로 결의했다.

이렇게 조련은 대중단체로서 독자적으로 남한에서 전개되는 투쟁이나 조직과 적극적인 연계를 맺어갔고, 본국투쟁의 일환으로 운동을 전개했다. 당시 재일조선인은 일본혁명의 일부를 담당했고, 일본인도 대중운동에 적극적이었다. 그러나 문제는 일본공산당의 시각이었다. 일본공산당

---

32) 최영호, 『재일한국인과 조국광복』, 글모인, 1995, 179-180쪽.
33) 이 조직은 일본공산당 제5회 전국대회(1947년 2월 24일부터 26일까지)에서 해소되었다. 이후 실제적인 활동은 조련클럽(1947년 1월 조직)이 대행했다.(田駿, 『조총련 연구』, 고대아세아문제연구소, 1973, 415쪽.)

은 조련에 대해 별도의 방침을 수립하지 않았다. 필요에 따라 일본공산
당은 조선인을 동원했던 것이다.[34]

2) 김두용의 역사인식

김두용의 역사관련 문건은 단행본과 잡지의 논문 등이 있다. 주요한
것으로는 『朝鮮近代社會史話』(鄕土書房, 1947.), 『日本に於ける反朝鮮民
族運動史』(鄕土書房, 1947.), 「朝鮮のメ-デ-」(『戰旗』(2-5), 1929. 5.), 「川
崎亂鬪事件の眞相」(『戰旗』(2-7), 1929. 7.), 「日韓合倂하기까지」(『無産者』
(3-3), 1929. 8.) 등을 들 수 있다.

식민지시대 김두용은 무산자사와 노동계급사에서 주도적으로 활동하
면서, 당시 주요 논객이자 한국사 연구자였던 이북만, 이청원 등과 교류
를 갖고, 이들의 문건을 통해 조선사에 대한 인식의 지평을 넓혔다. 해
방과 함께 그는 자신의 근대사에 대한 인식을 체계화시킨 단행본 『朝鮮
近代社會史話』를 발표했다.

『朝鮮近代社會史話』는 김두용이 1946년 한국사 강의를 요청받고, 집
필한 책이다. 그는 1930년 1차 투옥 때 조선에 대해 구체적인 지식을 갖
지 못한 것을 부끄럽게 여기고, 1934년 출옥과 동시에 3·1서방으로부터
조선에 대한 알기 쉬운 독본의 집필을 의뢰 받고 초고를 썼다. 그러나
이 초고는 1936년 2차 탄압으로 압수되었다.[35] 결국 우여곡절을 겪고
『朝鮮近代社會史話』는 출간되었는데, 그 구성은 다음과 같다.

【 저자 서문 】

1. 역사를 보는 시각에 대하여

---

34) 카지무라 히데키 지음, 김인덕 옮김, 『재일조선인운동(1945-1965)』, 현음사, 1994, 52-53쪽.
35) 金斗鎔, 『朝鮮近代社會史話』, 鄕土書房, 1947, 1-2쪽.

2. 자본주의제국의 침입
3. 침략의 진정한 목적은 무엇인가
4. 개항지 중심의 일본의 침략
5. 합병 이후 일본의 식민지 정책
  1) 정권의 장악
  2) 자본주의 확립을 위한 기초공사
      a. 화폐제도의 확립
      b. 外劃제도의 폐지
      c. 於音제도의 폐지와 手形組合의 설치
  3) 근대적 소유권 확립을 위한 토지 및 산림조사사업
  4) 일본의 농업정책
  5) 농업 조선 아래의 농민의 생활
  6) 공업정책에 대하여
      a. 宇垣시대의 産金정책의 내용
      b. 南시대의 産金정책
      c. 중공업 자원 획득의 정책
  7) 투자 상태에 대하여
      a. 투자자본에서의 공업자본의 비중
      b. 공업부문에서의 투자상태
      c. 공업발달의 정도
  8) 공업 조선 아래의 노동자
6. 결론

저자는 『朝鮮近代社會史話』에서 역사를 보는 시각에 대해 세 주제로 정리하고 있다. 김두용은 조선의 역사를 계급투쟁사로 보고, 조선 지배계급의 역사는 오로지 조선 지배계급 내부의 정권찬탈사일 뿐만 아니라 동시에, 조선을 둘러싼 조선 이외의 나라 즉 일본, 중국이라는 지리적으로 접근해 있는 나라의 지배자와의 정복과 피정복의 역사라고 보았다.(22-23쪽. 이하의 쪽은 『朝鮮近代社會史話』의 것이다.)

그리고 역사에는 지배자와 피지배계급이 있는데, 타국의 침략자들 때문에 조선의 독립도 유린당했고, 일반 민중은 이중삼중으로 고통을 당하고 있다는 것이다.(28-29쪽) 구체적으로 살펴보면, 기존의 역사책들은 특권계급의 것을 높게 평가하기 위해 쓰여진 것으로, 절대로 당시의 피지배계급이 착취, 억압, 박해를 받아온 사실에 대해서는 거의 언급하지 않고 있다는 것이다.(11쪽)

6. 맺음말

식민지시대 재일조선인 민족해방운동에도 많은 사람들이 반일투쟁에 목숨을 걸었다. 그 어떤 다른 지역의 사람들 보다 일본지역의 조선인은 이중적인 질곡 속에서 스스로의 존재가치를 투쟁을 통해 발견할 수밖에 없었다.

필자는 본고에서 식민지시대 재일조선인 운동 가운데 김두용의 활동과 역사인식에 대해 정리해 보았다. 그 내용은 다음과 같이 요약할 수 있다.

주요 저작을 통해 알 수 있듯이, 그는 어떤 활동가 보다 많은 글을 남겨 놓았다. 이미 문학사적으로는 그의 존재가치가 확인되기도 했다. 그는 예술운동의 정치적 성격을 강조하고 예술운동의 관념성을 비판하여 '비합법적 정치투쟁론'에 입각해 예술운동의 임무를 당재건을 위한 선전·선동에 두었다. 그리고 그는 현실투쟁의 한 가운데 위치했다. 이러한 김두용은 1927년 3월 잠정기관으로 제3전선사를 조직, 조선프롤레타리아예술동맹 동경지부로 전환시켰고, 기관지 『藝術運動』을 1927년 11월 15일 창간하여 창간호의 편집 겸 발행인으로 활동했다. 특히 그가 주도했던 당시 조선프롤레타리아 예술동맹 동경지부는 '전위양성소'와 같은 역할을 수행했다. 이와 함께 합법 출판사로 무산자사를 갖고 있었다.

그런가 하면 김두용은 무산자사에서 활동하다가 검거를 피하고, 조선프롤레타리아예술동맹 동경지부 구성원, 동경조선프롤레타리아 연극회원, 東京의 조선인 유학생들과 동지사를 결성하여 주도했다.

특히 1930년대에는 조선예술좌 결성을 주도했다. 조선예술좌는 재일조선인 연극 단체로, 재일조선인의 문화적 요구를 충족시키고, 동시에 조선의 진보적 연극 단체의 수립을 도모하기 위해 동경신연극협회의 합동 제안으로 동경신연극협회, 조선예술좌, 학생예술좌가 합동하여 조직했다. 이 때 김두용은 위원장을 맡았다.

합법 출판사로 무산자사를 주도했던 그는 여기에서 재일조선인 민족해방운동의 해소를 주장했다. 김두용은 「在日本朝鮮勞動運動は如何に展開すべきか」에서 종래 재일본조선노동총동맹은 노동계급 독자의 투쟁을 등한시하고 조선공산당의 지도 아래 활동했으며, 조선 내의 민족적 투쟁과 결합하여 재일본조선노동총동맹의 혁명적 조합투쟁을 방해하고, 또한 일본 좌익단체와 연락이 지속적이지 않았기 때문에 일본제국주의의 특수한 탄압에 중심분자를 잃게 되었다고 했다. 그리고 이것은 분명히 운동방침의 오류에서 야기된 것이었다고 하면서, 종래 조선공산당의 지도 아래에 특수한 탄압을 받았기 때문에, 일본에서는 일본공산당의 지도 아래 들어가 일본제국주의의 공세에 대항해야 한다고 했다. 그리고 진실로 노동계급의 이익을 옹호 획득하는 길은 전 노동계급의 공동투쟁 이외에는 아무 것도 없다고 했다.

여기에서 더 나아가 김두용은 재일본조선노동계급의 이익을 대표하여 충실하게 투쟁하기 위해서는 모든 민족적 투쟁을 버리고 오로지 좌익노동조합에서 투쟁을 수행해야 한다고 했다. 그는 조·일 노동자의 노동조건은 완전히 일치하고 임금의 차별, 민족적 차별 등의 특수한 탄압은 일본노동계급을 위한 것이 아니며, 일본제국주의의 소산이기 때문에 이들 차별의 철폐는 일본노동계급과의 협력 없이는 실현이 불가능하다고 했다. 그리고 일본에서 노동계급의 계급적 이해를 옹호하고, 권력 획득 투쟁을 수행하는 혁명적 노동단체는 전협이기 때문에 여기에 합류하는 것이 타당하다고 보았다.

해방과 함께 그는 조련 활동을 통해 재일조선인 사회에서 중심적인 역할을 다시 수행했다. 정치범 석방운동은 그의 존재가치를 보다 강화시켜준 계기가 되었다. 이와 함께 김두용은 재일조선인과 일본공산당의 연계고리로 조선인운동과 해방 후 일본의 사회운동을 결합시키는데 일정하게 기여했다.

이 시기 그는 단행본의 발간을 통해 역사인식의 틀을 정리했다. 김두용은 『朝鮮近代社會史話』에서, 조선의 역사는 계급투쟁의 역사이고, 조선을 둘러싼 조선 이외의 나라 즉 일본, 중국이라는 지리적으로 접근해 있는 나라와의 정복과 피정복의 역사라고 창발적인 견해를 제기했다. 그리고 기존의 역사책들은 피지배계급이 착취, 억압, 박해를 받아온 사실에 대해서는 거의 언급하지 않고 있다고 비판하며, 우리 역사에 있어 '원시공산시대' 및 '노예제', '봉건제'의 존재에 대해 분명히 했다. 특히 식민지 조선의 사회적 성격을 자본주의 사회구성체라고 규정하고, 동시에 봉건적인 유제가 강함을 지적했다.

金斗鎔의 '친일파' 인식에 대한 시론

1. 머리말

재일조선인의 역사를 거론할 때는 많은 인물이 등장한다. 그리고 그 내용은 사전이나 개인적인 평전 등을 통해서 여러 형태로 정리되었다. 필자 또한 재일조선인에 대한 인물연구를 지속해 오고 있는데, 이 가운데 김두용에 대해 정리한 글이 있다.[1]

일반적으로 김두용은 근대 한국문학사에서 거론되어 문학사적으로 유명하다.[2] 그리고 최근에는 필자의 연구와 함께 藤石貴代의 연구도 나왔다.[3] 필자와 마찬가지로 재일조선인 운동사 속에서 김두용의 역할에 주목한 藤石貴代의 연구는 필자가 보지 못한 관련 기록과 인터뷰를 통해 초기 활동, 특히 京都 三高시절의 활동을 보다 구체적으로 서술하고 있다. 아울러 몇몇 대목에 있어 필자가 쓴 논문의 내용을 새롭게 정리하게

---

1) 졸고, 「재일조선인운동과 김두용」, 『한국민족운동사연구』(18), 1998. 6.
2) 그에 대한 주요 문학사적 연구를 들면 다음과 같다. 정홍섭, 「1920~30年代 文藝運動에 있어서의 方向轉換論 研究」, 서울대석사, 1989. ; 유문선, 「정치적 과제와 문학운동-김두용론」. ; 김윤식·정호웅 편, 『한국문학의 리얼리즘과 모더니즘』, 민음사, 1989. ; 김외곤, 「1930년대 후반의 한국문학과 반파시즘 인민전선」, 『외국문학』, 1991, 9. ; 任展慧, 『日本における朝鮮人の文學の歷史-1945年まで-』, 法政大學出版局, 1994.
3) 藤石貴代, 「金斗鎔と在日朝鮮人文化運動」, 大村益夫, 『近代朝鮮文學における日本との關連樣相』, 綠蔭書房, 1998.

하는 부분들이 있다. 이에 필자는 본론에 앞서 연보와 그의 주요 저작을 다시 정리하고자 한다.

먼저 식민지시대 그의 연보를 다시 확인해 보면 다음과 같다.

【김두용 연보】

　　함경남도 함흥 출생/ 京都三高 졸업/ 東京帝大 미학과 중퇴
　　新人會 가입/ 反帝同盟 참가
　　조선프롤레타리아예술동맹 동경지부 결성
　　無産者社 조직/ 위원장/ 재일본조선노동총동맹의 일본노동조합전국
　　협의회로의 해소 주도
　　당재건 사건 관련 1차 투옥/ 출옥 후 일본프롤레타리아문화연맹 조
　　선협의회 위원장/『우리동무』편집장
　　同志社 결성/ 2차 투옥
　　『生きた新聞』,『文學評論』등에 원고 집필/ 朝鮮藝術座 창립, 위원장
　　/ 3차 투옥

이러한 김두용의 연보에서 문제가 되는 것은 전향 사실이다. 필자는 이미 발표했던 글에서 권일의 회고를 통해 사실 확인을 시도했다. 여기에 대해서는 보다 자세한 자료 조사가 필요한 것으로 판단된다.

또한 주요 저작을 보면 필자가 확인하지 못한 것으로 藤石貴代가 정리한 내용 가운데 다음과 같은 글을 확인할 수 있다.「動く魂と生活」(『嶽水會雜誌』(第三高等學校文藝部) 第91集, 1925. 12),「걸인의 꿈」(『조선지광』1927. 10),「봄」(『무산자』1929. 5, 7),「朝鮮プロ文學の現狀-その運動を中心に-」(『プロレタリア文學講座』第三編, 白揚社, 1933. 8),「전환기와 명일의 조선문학」(『동아일보』1935. 6. 5 — 6. 7),「구인회」에 대한 비판」(『동아일보』1935. 7. 28-1930. 8. 1),「창작방법의 문제」(『동아일보』1935. 8. 24, 25, 27, 9. 1, 3),「作者の意圖はどこ?」(『社會運動通信』1935. 10. 1),「劇評「斷層」の批評」(『社會運動通信』1935. 11. 22),「로맨티시즘

론」(『동아일보』 1935. 11. 30, 12. 4.-12. 7, 10), 「문학의 조직상 문제」(『동아일보』 1935. 11.26-12. 5), 「세계문예사조」(『조선중앙일보』 1936. 1. 1, 4, 12, 14, 16), 「일본문단극단의 동향」(『동아일보』 1936. 2. 28, 29, 3. 1, 3.-8, 10), 「조선문학향상의 길」(『동아일보』 1936. 6. 12, 14, 16, 18), 「最近文壇의 感想二三」(『조선일보』 1940. 7. 12, 13, 16), 「演說について」(『前衛』 1946. 6), 「北朝鮮勞動法令について」(『前衛』 1947. 1), 「재일조선인반동단체의 죄악상」(『역사제문제』(8), 1949. 7), 「8·15해방과 조선민족의 반일투쟁」(『역사제문제』(10), 1949. 9), 『조선민족해방투쟁사』(공저, 1949)이다.

이러한 글과 기존의 주요 저작 연보를 토대로 그의 저작 연보를 재구성하면 다음과 같다.

【김두용의 저작 연보】

- 「動く魂と生活」, 『嶽水會雜誌』(第三高等學校文藝部) (91), 1925. 12.
- 「걸인의 꿈」, 『조선지광』, 1927. 10.
- 「봄」, 『無産者』, 1929. 5.
- 「朝鮮のメ-デ-」, 『戰旗』(2-5), 1929. 5.
- 「정치적 시각에서 본 예술투쟁-운동 곤란에 대한 의견-」, 『無産者』(3-1), 1929. 5.
- 「川崎亂鬪事件の眞相」, 『戰旗』(2-7), 1929. 7.
- 「우리는 엇더케 살 것인가」, 『無産者』(3-2), 1929. 7.
- 「우리는 엇더케 싸울 것인가」, 『無産者』(3-2), 1929. 7.
- 「日韓合併하기까지」, 『無産者』(3-3), 1929. 8.(발간 예고만 있음)
- 「在日本朝鮮勞動運動は如何に展開すべきか?」(1929. 11. 무산자사 발간)
- 「飯場」, 『우리동무』, 1932. 8.
- 「同志よ安らかに眠れ!」, 『プロレタリア文學』(2-4) 4·5合倂號 1933. 5.
- 「朝鮮プロ文學の現狀-その運動を中心に-」, 『プロレタリア文學講座』 第三編, 白揚社, 1933. 8.
- 「農業朝鮮より工業朝鮮へ」, 『生きた新聞』, 1934. 12.

- 「朝鮮開國についての諸學說」, 『生きた新聞』, 1935. 2.
- 「火田民・土幕民の話」, 『生きた新聞』, 1935. 2.
- 「文化戰線の見透し」を批判す」, 『生きた新聞』, 1935. 3.
- 「インテリゲンチャ論」, 『生きた新聞』, 1935. 4.
- 「プロレタリアに春は來たか」, 『生きた新聞』, 1935. 5.
- 「文化文學諸問題をめぐる右翼的左翼的偏向」, 『生きた新聞』, 1935. 6.
- 「社會主義的リアリズムかxxxリアリズムか」, 『文學評論』(2-7), 1935. 6.
- 「전환기와 명일의 조선문학」, 『동아일보』, 1935. 6. 5.-6. 7.
- 「農村に春は來たけれど」, 『生きた新聞』, 1935. 7.
- 「森山啓君の批判」, 『生きた新聞』, 1935. 7.
- 「구인회」에 대한 비판」, 『동아일보』, 1935. 7. 28-30, 8. 1.
- 「창작방법의 문제」, 『동아일보』, 1935. 8. 24, 25, 27, 9. 1, 3.
- 「作者の意圖はどこ?」, 『社會運動通信』, 1935. 10. 1.
- 「質疑に答へて」, 『文藝山脈』, 1935. 11.
- 「劇評「斷層」の批評」, 『社會運動通信』, 1935. 11. 22.
- 「창작방법문제에 대하여 재론함」, 『동아일보』, 1935. 11. 6.-12. 10.
- 「문학의 조직상 문제」, 『동아일보』, 1935. 11.26-12. 5.
- 「으로맨티시즘론」, 『동아일보』, 1935. 11. 30, 12. 4.-12. 7, 10.
- 「ホテル・ルックスの話-食堂の國際的光景」, 『時局新聞』, 1935. 12. 16.
- 「文化擁護-プロ・ジャ-ナリズムの問題-」, 『時局新聞』, 1936. 1. 1.
- 「세계문예사조」, 『조선중앙일보』, 1936. 1. 1, 4, 12, 14, 16.
- 「프로문학의 전도-근로민중의 이익을 목표로-」, 『동아일보』, 1936. 1. 7.
- 「일본문단극단의 동향」, 『동아일보』, 1936. 2. 28, 29, 3. 1, 3.-8, 10.
- 「魂の哲學」, 『大衆の哲學』, 1936. 4.
- 「조선문학의 평론 확립의 제문제」, 『신동아』(6-4), 1936. 4.
- 「朝鮮藝術座の近況」, 『テアトロ』, 1936. 5.
- 「사회주의 리얼리즘 재검토-4씨의 서한집」, 『조선문학』(7), 1936. 6.
- 「조선문학향상의 길」, 『동아일보』, 1936. 6. 12, 14, 16, 18.
- 「最近文壇の 感想二三」, 『조선일보』, 1940. 7. 12, 13, 16.
- 「日本における朝鮮人問題」, 『前衛』, 1946. 2.
- 「新朝鮮建設講座」(1), (2), (4), (6), 『民衆新聞』, 1946. 3. 25, 4. 15, 6. 5, 6. 25.

- 「演說について」, 『前衛』, 1946. 6.
- 「8·29, 9·1을 기념하면서」, 『民衆新聞』, 1946. 9. 1.
- 「자본가 지주의 착취억압에서 인민해방의 위업」, 『民衆新聞』, 1946. 11. 15.
- 「北朝鮮勞動法令について」, 『前衛』, 1947. 1.
- 「만세교우에서 대학살을 감행」, 『民衆新聞』, 1947. 2. 20.
- 「국제결혼가부」, 『民衆新聞』, 1947. 3. 1.
- 「선거권·피선거권을 요구하는 이유」, 『民衆新聞』, 1947. 3. 15.
- 「朝鮮人運動は轉換しつつある」, 『前衛』, 1947. 3.
- 「조련 조직의 강화를 위하야」, 『民衆新聞』, 1947. 4. 25.
- 「朝鮮人運動の正しい發展のために」, 『前衛』, 1947. 5.
- 「조국에 도라가며」, 『民衆新聞』, 1947. 7. 1.
- 「재일조선인반동단체의 죄악상」, 『역사제문제』(8), 1949. 7.
- 「8·15해방과 조선민족의 반일투쟁」, 『역사제문제』(10), 1949. 9.
- 金斗鎔·江口渙, 「朝鮮プロレタリア文學運動の史的展望」, 『民主朝鮮』, 1949. 9.

이상과 같은 논문 및 기고문 등과 함께 다음과 같은 저서가 있다.

- 『日本における反朝鮮民族運動史』, 鄕土書房, 1947.
- 『朝鮮近代社會史話』, 鄕土書房, 1947.
- 『조선민족해방투쟁사』, 공저, 1949.

현재 필자는 재일조선인 민족해방운동사 속의 김두용에 주목하고 있다. 그를 단순히 문학사적으로만 바라보는데 전면적인 문제를 제기하고 그의 활동가로서의 모습을 지금까지 살펴보았다.[4] 본고에서는 이에 기초해 그의 반민족세력에 대한 글을 통해 친일에 대한 그의 인식을 살펴보고자 한다.[5] 이것은 김두용에 대한 계속되는 연구의 하나로, 이후 그

---

4) 김인덕, 「재일조선인운동과 김두용」, 『한국민족운동사연구』(18), 1998. 6.
5) 김두용과 상애회에 대해서는 다음의 글을 참조. 藤石貴代, 「金斗鎔と在日朝鮮人文化運動」, 大村益夫, 『近代朝鮮文學における日本との關連樣相』, 綠蔭書房, 1998, 金斗鎔,

에 대한 다른 연구와 자료가 발굴되면 또 다른 연구를 수행하겠다.

2. 김두용의 역사인식[6]

김두용의 주요 역사관련 문건은 단행과 잡지의 기고 논문 등에서 확인할 수 있었다.

주요한 것을 보면, 「朝鮮のメ-デ-」(『戰旗』(2-5), 1929. 5), 「川崎亂鬪事件の眞相」(『戰旗』(2-7), 1929. 7), 「日韓合倂하기까지」(『無産者』(3-3), 1929. 8), 「8·29, 9·1을 기념하면서」(『民衆新聞』, 1946. 9. 1), 「재일조선인반동단체의 죄악상」(『역사제문제』(8), 1949. 7), 「8·15해방과 조선민족의 반일투쟁」(『역사제문제』(10), 1949. 9), 『朝鮮近代社會史話』(鄕土書房, 1947), 『日本に於ける反朝鮮民族運動史』(鄕土書房, 1947), 『조선민족해방투쟁사』(공저, 1949) 등이 있다.

식민지시대 김두용은 무산자사와 노동계급사에서 주도적으로 활동하면서, 당시 주요 논객이자 한국사 연구자였던 이북만, 이청원 등과 교류를 갖고, 그들의 문건을 통해 조선사에 대한 인식의 지평을 넓혔다. 이러한 결과 해방과 함께 단행본으로 자신의 근대사에 대한 인식을 체계화시킨 것이 『朝鮮近代社會史話』이다.

별도의 글에서 밝혔듯이, 『朝鮮近代社會史話』는 1946년 우리 역사 강의를 요청 받고 집필한 책이다. 이에 앞서 김두용은 1930년 1차 투옥 때 조선에 대해 구체적인 지식을 갖지 못한 것을 부끄럽게 느끼고, 1934년 출옥과 동시에 三一書房으로부터 조선에 대한 알기 쉬운 독본의 집필을 의뢰 받고 초고를 썼으나, 1936년 2차 탄압으로 초고가 압수되기도 했

「在日朝鮮人 反動團體의 罪惡相」, 『歷史諸問題』(8), 1949. 7, マンフレッド·リングホ-ファ-, 「相愛會-朝鮮人同化團體の歩み」, 『在日朝鮮人史研究』(9), 1981. 12.
6) 본장의 내용은 별도의 주가 없으면 졸고의 내용을 참조함.

다.[7]

그의 역사인식의 편린을 『朝鮮近代社會史話』를 통해 정리하면 다음과
같다.

1) 노예제 · 봉건제사회론

구체적으로 김두용의 우리 역사의 역사적 사실에 대한 해석의 내용을
보면, 그는 조선의 노예제 발달은 서양 고대사회에 있어 수공업적 생산
과 상업의 발달로 특징 지워진 노예제와는 달리한다면서 고대 조선 사
회의 지배계급으로는 예를 들면, 삼국시대의 고구려에는 大家라고 하는
귀족이 존재하고, 그 아래 下戶라는 서민계급이 있으며, 또한 노예로 노
비가 존재했다고 한다. 그리고 신라에서도 특권계급으로 聖骨, 서민계급,
奴僕이 존재했던 것처럼 일종의 노예제도가 존재했던 것은 논쟁의 여지
가 없는 사실이라고 했다.

김두용은 봉건사회라고 칭하는 고려에 대해, 공전제를 채용하면서 토
지는 왕족과 귀족 내지는 행정을 장악하고 있는 문무백관에게 봉토로
분여하고, 일반 인민에 대해서는 부분적으로 일인당 얼마씩 분여했던 봉
건제사회로 보았다. 그리고 이 제도 아래에서 농민이 착취당해 온 사실
에 대해서는 서양에서의 농노와 크게 다르지 않다고 했다.

그러나 이 시대에 농민은 자유민으로 서양의 농노제 아래의 농노와
같으나 신분적으로는 영주에 속박되지는 않았던 것이 사실이었다. 실제
로 고려시대에는 제도상으로는 최초로 관청에 근무하던 役人들이 職田
혹은 祿田을 공전으로 받았으며 죽은 후에는 이것을 국가에 반납하도록
되어 있었다. 그러나 이것을 반납하지 않고 오히려 사유하여 세습적으로
점령하게 되었다. 법령상으로는 서양의 농노제와 같이 신분적으로 속박
되어 있지 않았으나, 이들 농민 이외에도 역시 전대로부터 유지되어 온

---

7) 金斗鎔, 『朝鮮近代社會史話』, 鄕土書房, 1947, 1-2쪽.

노예제는 존재했다.

결론적으로 김두용에 따르면, 고려시대에 있어 노비는 의연히 존재하였고 그들은 천민으로 여러 가지 사역에 사용되었다. 또한 조선시대까지 노비제도가 지속되어 廟堂에서 그 시비가 일어났고, 결국 국왕을 비롯한 왕족, 귀족 양반 계급이 노비를 사유하거나 혹은 관노비로 사역시켰다.

2) 고대국가 발생문제

먼저 원시사회와 국가 발생에 대하여 살펴보면, 김두용은 "인류의 역사는 수십만 년 전의 유인원시대에서 출발하여 그 사이 원시공산주의시대를 경과하고 그 사이 몽매한 생활의 시대, 거기에서 온 생산력의 발달에 따라 수렵시대에서 농경목축의 시대를 경과했다"면서, "농경목축의 시대에 들어서 일정한 토지에 정착하고 생산을 하던 가운데 사유재산제도가 발생하고, 거기에서 새로이 계급분화가 진행되어 지배계급과 피지배계급이 대립하게 되어, 전자가 후자를 탈취하고 억압, 지배하기 위해 권력으로 국가가 발생했다"고 했다.

이러한 내용은 유물사관의 내용을 그대로 옮겨 놓은 것으로 조선사회도 명확히 원시공산시대를 경과했으며, 이 기간 동안에 석기시대가 있고, 그 시대의 유물로 오늘날 발굴되는 것 가운데에는 석기, 토기, 골각기 등이 있다고 했다.

특히 조선에 정주했던 원시주민의 극히 낮은 사회생활에 대신해서, 기씨 이래 중국에서 들어온 종족이 보다 한 수 높은 금속문화를 갖고 들어와서 낮은 생산력을 한 단계 높이고, 이것을 발전시켜 원시공산주의 사회의 붕괴를 재촉했으며, 동시에 계급사회의 발생을 진전시켜, 마침내 국가를 출현시켰다고, 유물사관을 우리 역사인식에 적용해 해석했다.

3) 단군신화와 삼한시대

김두용은 단군신화에 대해 '단군건국설은 일종의 전설'로 '만들어진 이야기'라고 하면서도 사실의 진위여부는 별도로 하며, 단군을 일종의 수장이라고 보았다. 그러나 단군과 같은 인물이 전혀 존재하지 않았던 가공의 인물이라고 할 수 없다. 이 인물은 강림한 神人이나 하루아침에 백두산의 박달나무 아래 나타난 인물이 아니라, 오히려 오래 전부터 시베리아 북부를 유랑하면서 수렵했던 퉁구스족의 일부가 이 백두산 밑에 정주하고, 거기에서 씨족제 사회를 만들어 생활을 하는 가운데 이들 씨족이 모여 부족을 형성했으며, 그 일부에서 족장으로 단군과 같은 인물이 존재했다고 보는 것이 타당할 것이다.

그러가 하면 김두용에 따르면 삼한시대는 아직 오늘날 거론하는 국가의 단계까지 이르지 못했다면서, 이른바 '마한 56개국', '진한 12개국' 등은 國家가 아니라 일종의 부락으로 보았다. 그는 삼한시대는 '종족부락사회'로 볼 수 있다고 했다.

4) 식민통치론

김두용은 식민지시대 조선 사회의 성격을 자본주의 사회로 규정하고, 농촌에서는 봉건적인 유제가 일본보다도 훨씬 농후하고 강력하게 잔존해 있다고 보았다. 그는 인류의 역사는 노예제, 농노제, 임금노동제로 변천해 왔는데, 그 변천과 발전에 있어 구체적인 모습은 각 나라가 처한 조건과 시기에 따라 달랐다면서 일본이 조선에서 구한 것은, 일본이 필요로 하는 식량과 공업원료의 획득, 상품판매, 투자시장, 대륙으로의 발전을 위한 군사적 기지의 이용에 있었다는 사실을 분명히 지적했다. 아울러 이것은 일본자본주의의 발전과 강화를 초래했다면서, 일본자본주의의 제국주의적 속성을 지적했다.

따라서 일제의 통치정책은 조선 민족 대다수를 점하는 노동자·농민의 불평 불만과 반항을 낳았는데, 심각한 경제적 착취가 자행된 때 반드시 착취로부터 도피하려는 인민의 저항이 잉태됨은 당연하고, 이것을 탄압하기 위해 강력한 권력으로 군대와 경찰을 일제는 창출했다고 지적했다. 아울러 그는 한일합병 후 최초의 10년은 일본이 무단정치를 공언하고, 무력에 의한 전제정치를 조선에 실시했으며, 경찰제도도 실시하지 않고 군대와 헌병을 갖고 조선민족의 모든 반항을 탄압했다면서, 일본의 문화정치는 강력한 경찰테러와 內地延長主義, 日鮮融和一視同仁이라는 이름 아래, 정신적으로 조선 민족의 독립을 말살하려는 교육 내용을 통해, 수행되었다는 것이다.

3. 김두용의 친일파[8] 인식

해방 이후 친일파에 대한 처벌문제가 국회에서 처음으로 거론된 것은 1948년 8월 5일 국회 제40차 본회의에서 김웅진의원 등이 '반민족행위처벌법 기초특별위원회'의 구성안을 긴급동의로 제안한 때부터이다. 이것은 해방 후 일정 기간이 지난 시점의 일로 해방과 함께 조선의 민중은 자주적인 정권에서 친일파에 대한 처단을 민족정기 회복의 차원에서 기대했으나, 미군의 이해와 맞지 않아 오히려 반대의 결과가 나타났다.[9]

친일파에 대한 연구사[10]적인 내용을 보면, 단행본의 형태로 가장 먼저 간행된 것으로 『친일파 군상』(민족정경문화연구소 편, 삼성문화사, 1948. 9)을 들고 있다. 그러나 이보다 앞서 일본에서는 일본지역 내 재일조선인의 활동과 관련하여 1947년에 『日本に於ける反朝鮮民族運動史』가 출판되었다. 이렇게 본다면 친일파에 대한 본격적인 형태의 단행은 김두

---

8) '친일파', '반민족행위자'와 통용한다.
9) 김학민·정운현 엮음, 『친일파죄상기』, 학민사, 1993. 479쪽.
10) 친일파에 대한 연구현황은 다음의 글 참조. 이헌종, 「친일파문제에 대한 연구현황과 과제」, 『순국』, 1990. 7-8호, 정운현, 「친일파 연구의 현황과 과제」(제14회 현대사연구 집담회, 한국정신문화연구원 현대사연구소 1998년 11월 18일 발표문).

용의 『日本に於ける反朝鮮民族運動史』라고 하겠다. 따라서 김두용의 친일파 인식에 대해 살펴보는 것은 그 의미가 절대로 작지 않다고 할 수 있다.

1) 인식의 형성과정

김두용의 친일파에 대한 인식에 앞서 친일파를 어떻게 범주화하고 있는지를 살펴보면, 우선 능동성과 수동성을 척도로 하여 구분을 시도하고 있다. 첫째 능동적인 인물을 다섯 가지로 나누고 있다.

> 1) 친일과 전쟁협력이 옳지 않음을 알면서도 자기의 재산과, 또는 지위의 보전, 신변의 안전 등을 위하여 행한 자. 예)윤치호, 김동원 등
> 2) 친일을 하여 내선일체를 기하고, 전쟁에 협력하여 일본이 승전할 시는(그들은 일본의 패전을 예상치 못하고) 조선 민족의 복리를 도할 수 있다고 생각한 자. 예) 박희도, 신태악 등
> 3) 친일과 전쟁협력으로써 관헌의 환심을 사서 관력을 빌려 세도를 부리며, 이권 등을 획득하여 사익을 도하며, 또는 대의사, 고관 등 영달을 목적한 자. 예) 이성환, 이각종, 문명기 등
> 4) 고관 전직자, 친일파의 거두 등은 巳張之舞니 이러한 기회에 일층 적극 진충보국하면 자기 개인은 물론이요, 민족적으로도 장래에 유리할 것으로 생각한 자. 예) 한상룡, 한규복, 박춘금, 고원훈, 이성근, 김시권, 조병상, 이승우 등
> 5) 광병적 친일 및 열성 협력자. 예) 이광수, 김동환, 문명기 등[11]

다음으로 피동적으로 끌려서 활동하는 체 한 사람을 네 가지로 정리하고 있다.

---

11) 『친일파 군상』(김학민·정운현 엮음, 『친일파죄상기』, 학민사, 1993.) 353쪽.

1) 경찰의 박해를 면하고 신변의 안전 또는 지위, 사업 등의 유지를 위하여 부득이 끌려 다닌 자. 예) 김성수, 유억겸 등

2) 원래 미영에는 호의를 가졌으나 일본에 호감을 가지지 아니하였고, 혹은 친미 배일사상의 소지자이었으나 위협에 공포를 느끼고 직업을 유지하기 위하여 과도한 친일적 태도와 망종적 협력을 한 자. 예) 장덕수, 주요한, 신흥우, 김활란, 유진오, 정인섭 등

3) 누구의 추천인지 총력연맹 기타 친일단체, 전쟁협력단체의 간부 또는 강연회의 연사 등으로 피선 발표되었으나 거부키 곤란하여 그 이름만 걸어두었거나, 또는 부득이 출석은 하였으나 발언도 하지 아니한 자. 예) 최익한, 조만식, 최용달 등

4) 신문기자(주로 京日)회견 등에서 시비를 드러내지 않고 큰 지장이 없을 정도의 기술적 담화 발표를 한 것이 지상에는 자기 의사와 다르게 발표되었으나 정정을 촉구할 수 없어서 그대로 방임한 자. 예) 여운형, 안재홍 등[12]

이러한 기준은 현재에도 준용되고 있는데, 민감한 사항임에는 틀림없다. 현재 친일파는 1876년부터 1945년 시기 사회 각 분야에서 자신의 임무를 기능적으로 수행하면서 총체적으로 민족의 말살에 능동적으로 참여했던 사람들로 통칭되고 있다.[13] 특히 이러한 친일파에 대해 범죄자, 반민족적, 반민중적, 반민주적 사상, 태도 및 습관을 가진 자, 반민족적 상징을 가진 존재라고 실존적 의미를 부여하기도 한다.[14]

이상과 같은 친일파에 대해 김두용은 어떻게 생각했을까. 김두용의 반민족세력 즉 친일파에 대한 인식의 내용은 『日本に於ける反朝鮮民族運動史』(鄕土書房, 1947)과 「在日朝鮮人 反動團體의 罪惡相」(『歷史諸問題』(8), 1949. 7)을 통해 확인이 가능하다. 특히 후자의 글은 전자를 번역해 놓은 것 같은 성격이 강하다.[15]

---

12) 『친일파 군상』(김학민·정운현 엮음, 『친일파죄상기』, 학민사, 1993) 353-354쪽.

13) 김봉우, 「친일파의 범주와 형태」, 『광복50주년 기념 일제잔재와 친일파 문제에 관한 학술회의』(1995.), 96쪽.

14) 이현종, 「8.15 이후 친일파 척결 실패와 오늘의 과제」, 『순국』, 1989. 11·12., 참조

일반적으로 알려져 있듯이, 해방 이후 조련에서 활동했던 김두용은 친일세력을 조직 내에서 척결하면서 반민족세력의 본질을 내외에 천명하기 위해 『日本に於ける反朝鮮民族運動史』를 썼다. 이 책은 부기에 따르면 해방 직후부터 淺野次郎이 쓰다가, 그가 사망하자 淺野次郎의 원고를 김두용이 재구성한 것으로 되어 있다. 그리고 1947년 6월 9일 탈고했다.

해방이 되어 식민지 통치가 종결되었으나, 식민지시대 식민통치에 앞장서서 민족의 말살을 위해 친일행각을 자행했던 친일파는 그 누구도 참회의 장으로 나서지 않았다. 일본제국주의자들은 조선 민족의 상층부와 지식인들을 지배의 앞잡이로 동원하여 전국적인 반동적 조직망을 확보하고 지배·통제했다. 그리고 민간에도 반동단체들을 조직했다. 김두용은 이러한 친일의 전 역사를 언급하지 않고, 본인이 당시 거주한 일본지역의 반동단체인 상애회, 협화회, 일심회, 흥생회에 대해서만 개괄했다.

김두용의 경우 전향이라는 한계가 없지 않으나, 조련의 조직 강화에 주목하며, 일본지역 친일파사16)를 정리한 것은 집필 당시에도 상당한 정치적 의미가 있는 것이었다. 구체적인 내용을 인용하면 다음과 같다.17)

「재일 2백40여만 우리 동포들 앞에 제기된 긴급한 문제는 일본제국주의자들의 박해의 음모를 분쇄하여 자기들의 생명과 재산을 보전하여 조선인민의 유린되고 말살되었던 민족적 권리와 이익을 회복하고 고수하기 위하여 재일 조선동포들의 민주주의적 애국적 총역량을 집중통일한 전국적 조직을 하루 바삐 실현시키는 문제였다.
재일조선인연맹 조직을 위한 견결한 투쟁이, 즉 이 문제 해결을 위한 재일 조선동포들의 노력의 표현이었다. 그런데 이 재일조선인연맹을 조직함에 있어 그 시초로부터 일대 장애물로 된 것은 일본제국주의자들의 주구로서 일본에 있어 일본의 패전 직전까지 조선인민을

---

15) 서론과 결론의 내용 일부와 협화사업 기구표(『日本に於ける反朝鮮民族運動史』에만 보임)를 제외하고는 내용적인 차이가 없다.
16) 그는 '반동단체사'라고 했다.
17) 金斗鎔, 「在日朝鮮人 反動團體의 罪惡相」, 『歷史諸問題』(8), 1949. 7, 3-4쪽.

해롭게 하며 민족적 이익을 유린해 온 친일파 민족반역자들의 음모
와 책동과 암약이었다.

　이 친일파 민족반역자는 의연히 일본제국주의자들과 결탁하여 그들
의 지원을 음연히 받으면서 재일조선인연맹 조직 결성을 방해하려고
온갖 시도와 책동을 다하고 있었다. 그들은 민주주의자라는 가면을
쓰고 나와서 재일조선인연맹 조직에 지도적 역할을 놀려고 하였으며
연맹 조직의 초기에 있어서는 연맹의 중앙기관과 각 지방기관의 간
부의 지위를 장악함으로써 연맹을 일본제국주의자들의 이익에 봉사
하는 반동적인 친일단체로 만들려고 온갖 음모와 책동을 하였다. 뿐
만 아니라 그들의 음모가 실패된 그 후에 있어서는 건국촉진청년동
맹, 건국촉진동맹 또는 거류민단들의 반동단체들을 조직하고 확연히
재일조선인연맹과 대립하여 연맹을 파괴하는 길에 들어서 연맹에 대
한 노골적인 파괴적 발악을 계속하였다.

　그렇기 때문에 그들이 모든 흉악한 음모와 책동을 분쇄하고 연맹을
재일 우리 동포들의 진정한 민주주의민족통일전선으로 발전시키기
위해서 제기된 중요한 문제의 하나는 동포들 앞에 그들의 배족적 죄
악을 폭로하고 그들의 민주주의적 가면을 박탈하고 그들을 인민 속
으로부터 추격하는 투쟁을 광범히 조직 전개하는 문제였다.」

　당시 재일조선인에게 새로운 조직의 건설이 중요했고, 조련은 그 중
심이었다. 따라서 조련을 주도한 김두용으로서는 당연히 조련의 조직 강
화를 우선적으로 사고했을 것이다. 이러한 과정에서 나온 성과물인 김두
용의 『日本に於ける反朝鮮民族運動史』는 당연히 정치적 내용을 포함하
고 있었지만, 그것만이 전부는 아니었다. 이러한 『日本に於ける反朝鮮民
族運動史』의 목차는 다음과 같다.

　　1. 머리말
　　2. 相愛會에 대하여
　　3. 協和會, 후의 興生會에 대하여
　　4. 一心會에 대하여
　　5. 맺음말

실제로 친일파는 조선의 반일투쟁이 조선인이 사는 곳이면 어디에서나 있었던 것처럼, 국내외를 막론하고 일제권력을 위해 충성을 다했다. 만주에서 일민단, 보민회, 조선이민회, 협화회 등이 주구적 역할을 했던 것처럼, 일본에서도 상애회, 협화회, 흥생회, 일심회 등이 조직되어 일본제국을 위해 일로 매진했던 것이다.

2) 김두용의 친일파18) 인식

김두용은 자신의 체험과 기록에 의거해 일본에서의 조선인 친일파의 행적을 최초로 『日本に於ける反朝鮮民族運動史』에서 정리했다. 이 때 그가 사용한 주요 자료는 『相愛會事業編槪』, 「취지서」(상애회), 『協和事業年鑑』, 『御民新聞』 등인 것 같다. 구체적으로 그의 친일에 대한 생각을 전술한 두 가지의 문건을 중심으로 살펴보면 다음과 같다.

(범주)
김두용은 친일파를 옛날의 반동으로 일본제국주의에 협력했던 너무나도 분명한 민족반역자라고 규정했다.19) 그는 친일파는 '반동의 길'을 걷는 자, '민족반역자'라고 하고, 아울러 친일단체를 '반동단체'로 표현하고 있다.

(인물)
식민지시대 일본지역에서의 친일파를 거론할 때는 박춘금과 이기동을 먼저 얘기할 수 있다. 김두용은 박춘금에 대해 다음과 같이 그의 역할을 규정했다.

---

18) 별도의 주가 없으면 다음의 글 참조. 金斗鎔, 『日本に於ける反朝鮮民族運動史』, 鄕土書房, 1947.
19) 金斗鎔, 『日本に於ける反朝鮮民族運動史』, 鄕土書房, 1947, 57쪽.

「상애회라고 하면 곧바로 박춘금과 이기동을 생각하는 사람이 많을 것이다. 이기동이 어떤 사람인지 몰라도 박춘금이라고 하면 조선인이면서 일본의 대의사가 된 저명한 친일파로 오늘날 민족반역자라고 하는 것은 누구도 알고 있을 것이다. 이 박춘금이야말로 일본에서의 조선인반동단체의 두목으로 종전에는 조선에 가서 대의단을 만들어 조선내 조선인 혁명가를 일망타진할 계획을 세웠을 정도이고 나아가 시종일관 일본군국주의에 협력하는 것을 즐긴 사람이다. 이 자가 상애회를 만든 장본인이다.」(3쪽)

상애회의 활동에 있어서 우두머리는 박춘금[20])과 이기동이었다. 이들은 1920년대 초부터 반일주구배로 이름을 날렸던 자로 재일조선인은 친일테러의 선봉대장으로 그들을 기억하고 있다.

그의 본격적인 친일주구로서의 전면적인 등장은 관동대지진 시기일 것이다. 1923년 관동대지진[21])이 발생하여 조선인들이 무차별 죽어 가는 상황이 닥쳐왔다. 이러한 상황에도 불구하고 재일조선인 조직은 적극적으로 활동하지 못했다. 재일조선인 가운데에도 선진적인 활동가들은 투옥되거나 감금상태였기 때문에, 학살사건에 대한 전술도 없었고, 따라서 저항할 수도 없었다. 물론 일본 노동자와의 국제적 연대도 무의미했다. 그들에게 연대의식이란 일상적인 수준에서 머문 것이었다.

1923년 관동대지진으로 인한 학살로 죽을 고비를 넘긴 조선인들은 당시 소실을 면한 유일한 조선인단체였던 천도교청년회 사무실에 모였다.

---

20) 박춘금의 행적에 대해서는 다음의 글 참조. 松田利彦,「朴春琴論」,『在日朝鮮人史研究』(18), 1988, 小熊英二,「朝鮮生まれの日本人-朝鮮人衆議院議員・朴春琴-」,『コリアン・マイノリテイ研究』(1),1998. 1.
21) 이 사건의 재일조선인 민족해방운동사 속의 의의는 다음과 같이 정리할 수 있다. 첫째로 생존의 문제가 걸린 상황에서 일본인과의 연대의 한계가 들어나 향후 국제연대를 모색하는 과정에서 그 내용을 달리했다. 둘째로 재일조선인 운동은 후퇴했고, 조직은 잠시 붕괴되었다. 그러나 빠른 속도로 조직의 재건이 진행되었고, 이것은 새로운 재일조선인 운동의 계기로 작용했다. 셋째로 재일조선인은 학살을 극복하면서 반일의 의미를 보다 극명하게 인식하게 되어 반일투쟁의 내용을 보다 풍부하게 했다.

예정 없이 모인 사람들은 제출된 문제에 대해 논의를 계속하여, 10월 상순 동경지방 이재조선인 구제회를 결성하고, 조사사업에 착수했다.[22]

한편 상애회의 박춘금은 조선인이 무참히 학살당한 상황임에도 불구하고, 학살의 주범인 경시총감 赤池濃을 방문했다. 이 자리에서 박춘금을 비롯한 상애회 일파는 경시총감이 그들의 신변을 보호해 줄 수 없다고 했음에도 개의치 않고, 오히려 선두에 서서 조선인과 일본인의 화합을 과시라도 하듯이 지진 뒷정리의 일환으로 東京 시내를 청소했다. 이후 이들 반동주구단체 상애회 일파는 일제의 지원 하에 발전을 거듭했던 것이다.[23]

(상애회)

1920년 대표적인 재일조선인 친일단체로는 상애회와 각지의 내선협회 등을 들 수 있다.[24] 김두용은 반동단체로 협화회, 일심회, 흥생회에 주목했다. 먼저 상애회에 대한 김두용의 생각을 보자.

상애회는 처음 출발할 때는 상구회였다. 1921년에 가서 상애회로 정식 출발하고, 1923년경에는 회원이 10만 명이 되었다.[25]

---

22) 鄭哲, 『在日韓國人の民族運動』, 洋洋社, 1970, 189-190쪽.
23) 경무국장을 지낸 丸山鶴吉은 관동대지진 때의 상애회와 박춘금에 대해 다음과 같이 회고했다.
　「박춘금은 이 혼란 속에 그때의 赤池濃 경시총감을 위험을 무릅쓰고 방문하여 "지금 조선인에 대한 오해를 풀기 위해서는 조선인이 자진해서 봉사하는 것이 제일 효과가 있으니 지금부터 매일 회원들을 인솔하여 사체의 수용, 도로의 정비 등에 노력으로 봉사하고 싶다"라고 제안했다. 경시총감은 감격하면서도 "그것은 고마우나 당신들의 신변보호가 도저히 불가능하니 그만 두라"라고 설복했다. 그러나 그는 듣지 않고 다음 날부터 백수십명의 선인노동자들을 인솔해서 불탄 자리의 정리에 전념했다. 이 결사적인 행동은 선인에 대한 감정을 매우 완화했고, 마침내 감격어린 이야기까지 들려 오게 되었다.」(丸山鶴吉, 『70年ところどころ』, 1955, 89쪽.)
24) 내선협회로 대표적인 단체는 大阪府內鮮協和會, 神奈川縣內鮮協會, 兵庫縣內鮮協會 등으로 이들 단체는 표면적으로는 사회사업을 내세우고 있으나, 실제로는 府·縣의 내무국장을 이사장으로 하고 이사 및 평의원 구성에서 경찰관료들이 실권을 잡고 운영되고 있었다. 자세한 내용은 다음의 책을 참조. 樋口雄一, 『協和會』, 社會評論社, 1986, 20쪽, 참조.

왜 상애회라고 했는가에 대해, 김두용은 인류 상애의 정신, 공존공영의 본의에 입각하여, 일선융화를 위해서, 그것을 철저하게 하기 위해서라고 했다. 이것은 명목이었고, 실제로는 어용 반동주구 단체였다.

특히 상애회는 재일본조선노동총동맹이 조직되어 산하에 재일조선인 노동자들이 결속하게 되자 재일본조선노동총동맹 산하 각지의 노동조합에 대해 폭력적인 테러를 자행했다.

상애회의 주요 조선인 임직원은 다음과 같다.[26]

「이기동, 박춘금, 한종석, 손기수, 안홍, 노영구, 이영수, 김남환, 배
동수, 유헌, 박재연」

상애회의 사업 내용을 보면, 직업 알선, 인사 개입, 기타 사회 사업을 했다. 직업 알선을 핑계로 상애회는 알선료를 자본가로부터 1인당 얼마씩 이면으로 받았다. 또한 취업한 사람들로부터는 임금에서 주선료를 받고 임금에서 일정액을 착취했다. 특히 여공의 경우는 급료를 회사측으로부터 받아 가지고 횡령하는 사건이 전국적으로 횡행했다.

아울러 회사의 인사에 개입했고, 일본인 회사의 쟁의 시 중재에 나서 돈벌이를 했다. 그 가운데 일본인과 조선인 사이의 쟁의는 가장 큰 돈벌이가 되었다.

이와 함께 상애회는 사회사업으로 무료 숙박소, 부속병원, 야학 등 기타 사업을 했다.

(협화회)
1936년 협화회는 정식으로 출범했다.

---

25) 자세한 내용은 マンフレッド・リングホ-ファ-, 「相愛會」, 『在日朝鮮人史硏究』(9), 1981, 金斗鎔『日本に於ける反朝鮮民族運動史』, 鄕土書房, 1947, 참조
26) 金斗鎔, 『日本に於ける反朝鮮民族運動史』, 鄕土書房, 1947, 15쪽.

「일본에 살고 있는 조선인에 대한 반동단체로는 상애회가 존재하는
데 이것이 일선융화를 위한 민간단체로 강력하게 활동해 왔다. 그러
나 정세는 이러한 일선융화의 사업을 단순히 민간에게 위임해서는
안 되고, 오히려 정부가 주도해서 강력하게 추진해야만 했다. 왜냐하
면 당시에는 거의 일본이 특별히 지나사변을 계획하고 이와 관련하
여 일본 내에서 반전분자를 철저히 탄압할 필요가 생겼기 때문이다.」

즉 일제는 1934년부터 중국침략을 위한 준비로 상애회보다 강력한 반
동주구 단체가 현실적으로 필요했다. 이 문제를 해결하기 위해 일제는
적극적으로 나서, 1934년 4월에는 大阪府에 내선융화사업조사회라는 것
을 만들어 구체적인 안을 만들기 시작했고, 이것이 가능했던 이유를 김
두용은 다음과 같이 밝히고 있다.
협화회는 어떤 목표로 활동했는가? 협화회는 일선융화, 내선일체를 위
한 사업 단위였다. 일제는 실시요목에서 구체적으로 황민 정신의 함양,
교풍교화, 복지증진, 보호구제 등을 사업으로 들고 있다.[27] 그 내용을 보
면 다음과 같다.

「첫째, 황민정신의 함양이라고 하는 것은 '나는 일본신민이다'고 하
는 굳은 신념을 갖게 하는 것이었다.
둘째, 교풍교화는 일본 내의 생활을 목표로 하는 교풍으로 교화는
아니었다.
셋째, 복지증진이라고 하는 것은 생활의 개선, 주택의 개량, 직업보
도 등 물질적 방면의 보호지도에 의해 일본에 살고 있는 재일조선인
의 생활수준을 일본인 수준으로 끌어올려서 생활의 정도 내지는 내
용의 상이를 제거하여 사회생활을 즐겁게 함을 목적으로 하는데, 동
화정책의 전위적 역할을 임무로 한다는 것이었다.
넷째, 보호구제라고 하는 것은 사회적으로 열등한 사람을 대상으로
하여 사회적 수준을 목표로 하여 이것을 높이는 것이었다.」

27) 金斗鎔, 『日本に於ける反朝鮮民族運動史』, 郷土書房, 1947, 29-36쪽.

이러한 협화회는 1940년까지 일본 내에 1道 3府 42縣에 46개가 결성
되었다. 이 조직은 전국적으로 확대되었으며, 그 뿌리도 깊었다. 특히 특
고기관과 결합되어 있었다. 따라서 특고경찰 대행기관이었다고 할 수 있
다. 이 협화회는 1944년말 흥생회로 이름을 바꿨다.[28]

(일심회)

일심회도 역시 상애회, 협화회와 흐름을 같이 하는데, 1945년 1월 20
일 일심회가 조직되었다. 주요 임원을 보면 다음과 같다.[29]

```
「회    장 : 丸山修司    부회장 : 和田輝雄, 金光淳, 永島慶吉
 건설소장 : 和田輝雄    부소장 : 梅田重雄
 총무부장 : 權藤嘉郎    업무부장 : 廣川泰弘
 근로부장 : 曹寧柱, 朱箕榮」
```

이 조직은 조련의 간부들이 직접 구성원으로 참가했던 해방 직전의
전형적인 반동 주구적인 성격의 단체였다. 따라서 민중들 속에서 깊이
일상생활과 관련된 반동적인 작태를 자행했다.
이상과 같이 김두용은 친일파에 대해 범주를 설정했고, 그 대표자로
일본에서는 박춘금을 거론했다. 아울러 일본 내 친일파의 인맥과 활동을
총체적으로 정리했는데, 이를 통해 입장 정리를 유보하던 친일파에 대해
명확한 입장을 표명하고, 조련 내에서 이들을 조직적으로 탈락시켰다.

4. 맺음말

김두용은 「在日朝鮮人 反動團體의 罪惡相」의 결론에서 다음과 같이

---

28) 金斗鎔, 「在日朝鮮人 反動團體의 罪惡相」, 『歷史諸問題』(8), 1949. 7, 43쪽.
29) 金斗鎔, 『日本に於ける反朝鮮民族運動史』, 鄕土書房, 1947, 55-56쪽.

애기하고 있다.30)

> 「이상과 같은 것이 일본에 있어서의 친일파 민족반역자들의 반동단
> 체들의 주류이다. 이 반동단체와 그 반동단체에서 책동하고 음모하던
> 주요한 친일파 민족반역자들은 지금 어떻게 되었는가? 반동단체는 해
> 체되었다. 그러나 그들의 전부는 일제의 주구로서 반동의 길을 걷고
> 있다가 1945년 10월에는 건국촉진청년동맹, 건국촉진동맹을 조직하고
> 1946년 6월에는 과거의 무정부주의자 박열 … 일본에 있는 조선동포
> 들을 해롭게 한 친일 민족반역자 박춘금을 비롯한 일본의 친일파 민
> 족반역자들은… 」

분명히 김두용의 친일파론은 조련의 조직적 강화와 관련해 정리되었
다. 지금까지 거론한 김두용의 친일파론을 다시 한번 정리하면 다음과
같다.

김두용은 『日本に於ける反朝鮮民族運動史』를 재일조선인 '반동단체
사'라고 스스로 평가하고, 친일파를 '민족반역자', 이들의 조직을 '반동
단체'라고 규정했다. 이러한 규정은 최근의 1876년부터 1945년 시기 사
회 각 분야에서 자신의 임무를 기능적으로 수행하면서, 총체적으로 민족
의 말살에 능동적으로 참여했던 사람들로 친일파를 규정하는 것과 크게
벗어나지 않는다고 하겠다.

김두용은 일본지역에서 생활했기 때문에 친일의 역사를 거론하기보다
는 주류적인 재일 친일의 역사를 서술하고 있다. 우선 인물로는 박춘금,
단체로는 상애회, 협화회 그리고 일심회에 대해 주목하고 있다.

그는 박춘금을 이기동과 함께 대표적인 친일파로 평가하고, 박춘금을
상애회를 만든 장본인, '두목'이라고 지목했다. 박춘금은 친일의 가장 대
표적인 인물로 널리 알려져 있는데, 김두용은 그의 행태를 통해 반동주
구의 모습을 그리고 있다.

---

30) 金斗鎔, 「在日朝鮮人 反動團體의 罪惡相」, 『歷史諸問題』(8), 1949. 7, 47쪽.

또한 김두용은 재일조선인 친일단체의 대표적인 것으로 상애회, 협화회, 홍생회, 일심회 등을 거론했으며, 상애회를 조선인이 중심이 된 반동단체라고 규정했다. 또한 협화회는 일본지역에서의 조직과정에 주목했고, 일심회의 경우는 조련의 구성원이 직접 가입해 있던 사실을 강조했다.

민족해방운동과 鄭南局

1. 머리말

 식민지시대 조선 민족해방운동사에는 반일 투사들이 등장한다. 그들은 어떤 생각과 사상을 갖고 활동했을까. 여기에 대해서는 여러 형태의 연구가 있다. 기존의 연구에서는 무엇보다도 투쟁에 초점을 맞추면서, 그들의 인생 경로를 따라 사상의 변화를 추적하는 식이 보통이었다.

 조선 민족해방운동에서는 생각과 이념을 달리하면서도 반일투쟁이라는 고리 속에서 많은 투사들이 그 뜻을 함께 했다. 이것은 통일전선의 형태로 나타났고, 한편으로는 관념적인 수준의 연대만이 수행되기도 했다. 그럼에도 불구하고 반일반봉건 조선 민족해방운동은 강도 높은 일제의 탄압에 맞서 지속적으로 전개되었다. 그들은 국내에서의 활동이 어려울 때는 국외로 나가, 조선 사람들을 견인하여 투쟁을 계속했다.

 조선사람들은 몇 대에 걸쳐 살던 고향산천을 등지고 혼자, 아니 가족을 이끌고 이주했다. 그들은 생계를 위해, 일본 경찰의 검거를 피해, 조선 땅을 떠났다. 물 설고 낯 설은 이국 땅은 그들에게 새로운 질곡일 수밖에 없었다. 그럼에도 해외로 나간 조선 사람들은 반일투쟁을 멈추지 않았다. 조선사람이 있는 곳이면 어디에서든지 반일투쟁은 전개되었던 것이다.

 필자는 수많은 투사 가운데 투쟁 속에서 단련되어 사상적으로 무장했던 한 사람을 주목하고자 한다. 그가 바로 정남국이다. 정남국은 식민지시대

전 기간에 걸쳐 국내와 일본지역에서 반일운동의 선봉에 섰던 인물이다.

본고는 식민지시대 국내외를 넘나들며 반일투쟁을 전개했던 수많은 투사들 가운데 국내와 일본을 무대로 독특한 투쟁 경험을 가진 정남국의 행적을 통해, 조선과 일본을 왕래했던 민족해방운동가의 모습을 그려 보고자 한다. 이를 위해 기존의 소안도에 대한 선행 연구[1]와 재일조선인 민족해방운동에 대한 연구 성과를 근간으로 그의 투쟁을 정리해 보겠다. 그리고 그의 역할을 재일조선인 민족해방운동과 식민지시대 조선의 민족해방운동사 속에서 평가해 보겠다.

2. 소안도와 소안사람들

1) 소안도의 지리, 사회·경제적

소안도는 해방의 땅이라고 한다.[2] 완도읍에서 18.7㎞나 떨어진 조그마

---

1) 소안도에 대한 주요 자료와 논문은 다음과 같다. 먼저 자료로는 『所安抗日運動史料集』, 所安抗日運動史料編纂委員會, 1990. 6, 「故鄭南局先生略歷」, 『所安抗日運動史料集』, 所安抗日運動史料編纂委員會, 1990. 6, 「소안도의 봄」(KBS 1990. 3·1절 기획프로) 「이월송옹 노트」(필사본), 「鄭南局先生略歷」(필사본), 「鄭南局」, 『獨立有功者功勳錄』(9), 國家報勳處, 1991 등이 있다.
논문은 이균영, 「해방의 땅 소안도」, 『사회와 사상』, 1989. 9, 정병호, 「항일운동의 성지, 소안도를 가다」, 『民族知性』 1989. 9, 「정남국 - 소안도 「옥중가」의 주인공 -」, 안종철 외 지음, 『근현대의 형성과 지역 사회운동』, 새길, 1995, 박찬승, 「일제하 소안도의 항일민족운동」, 『도서문화』(11), 목포대도서문화연구소, 1993. 12, 염인호, 「일제하 제주도에서 전개된 아나키즘운동」, 역사문제연구소, 『한국근현대지역운동사』(II 호남편), 여강출판사, 1993, 「송내호 - 항일운동의 불을 지피다 -」, 안종철 외 지음, 『근현대의 형성과 지역 사회운동』, 새길, 1995, 孫炯富, 「植民地時代 宋乃浩·琪浩 兄弟의 民族解放運動」, 『국사관논총』(40), 1992, 外村大, 「戰前期在日朝鮮人社會の地緣結合-莞島郡所安面出身者とその學校閉鎖事件への對應から-」『民衆史研究』(51), 1996, 金廣烈, 「教育程度から見た1920, 30年代渡日朝鮮人の特質」, 『一橋論叢』(第115卷第2號), 1996 등이 있다. 특히 이 가운데 박찬승의 연구에 힘입은 바가 크다.
2) 안종철 외 지음, 「정남국 - 소안도 「옥중가」의 주인공 -」, 『근현대의 형성과 지역 사

한 섬이다. 선착장에 첫발을 내딛으면, 멀리서 죽창을 꽂아 놓은 듯한 돌탑이 있다. 이는 1920년대 항일민족운동을 벌였던 선열들을 기리기 위해 1990년 6월 제자들과 자손, 면민들이 건립한 소안 항일 기념탑이다.

소안도는 동쪽으로 청산도를 마주하고, 서쪽은 노화도와 보길도가 인접해 있으며, 남쪽은 멀리 제주도를 바라보고 있다. 소안도는 1914년 행정구역 개편 이후 인근의 횡간도, 자지도(당사도)와 함께 소안면으로 편성되었으며, 소안면 내에는 이월리, 비자리, 진산리, 미라리, 가학리, 맹선리, 횡간리, 자지리 등의 8개리가 설정되었다. 현재 소안도의 면적은 23.155㎢로 그 가운데 논은 약 2㎢, 밭은 약 3.7㎢이다. 농경지는 극히 협소하고 논보다 밭이 많다. 이러한 실정은 1920년대에도 비슷했다. 일제하이 섬에서의 농업은 주로 밭농사로 보리·서숙·콩·팥·고구마·면화 농사를 지었다고 한다. 따라서 소안도민들은 농업 이외에도 어업에 생계를 의지하는 반농 반어의 생활을 하지 않을 수 없었다. 인근 청산면 부근에 청어·정어리·전갱이 등의 어장이 형성되어 있었지만, 소형 어선으로 그곳까지 진출하기는 어려웠다. 1910년대 이후에는 완도 일원을 중심으로 김 양식이 시작되자, 김 양식이 점차 주요한 생계 수단이 되었다.[3]

소안도는 육지에서 제주도로 가는 길목에 자리잡고 있어, 목포 개항 이후 목포에서 제주도로 가는 배들이 이 곳을 반드시 거쳐갔다. 1930년대의 자료에 의하면, 목포-제주간을 정기적으로 항해하는 기선으로서 조선기선주식회사의 228톤급 대서환, 98톤급 신광환이 소안도에 기항했으며, 완도를 기점으로 하는 발동기선으로 완도 일원을 항해하던 순항선조합(1921년 설립)의 남봉환(40톤), 제2완도환(27톤), 김남근의 제1비봉환(19톤), 해남환(19톤) 등이 있었다. 또 大阪과 인천 사이를 오고갔던 외항선들도 부산, 여수를 거쳐 목포로 항해했는데, 그 항로가 바로 소안도와

회운동』, 새길, 1995, 참조

3) 박찬승, 「일제하 소안도의 항일민족운동」, 『도서문화』 (1), 목포대도서문화연구소, 1993. 12, 82-83쪽.

노화도를 통과했다. 이 때문에 소안도 사람의 도일이 쉬웠을 것이다.

소안도에서 격렬한 반일운동이 일어날 수 있었던 것은 선행연구에서는 다음과 같이 지적하고 있다. 첫째 이곳이 특별히 양반층, 혹은 지주층이라고 할만한 계층이 없이 대부분 평민층, 자작농층으로 구성되어 있어 주민들 상호 간의 대립과 갈등의 소지가 그만큼 적었던 것을 든다. 둘째 한말에서 1910년대에 걸친 토지회수 투쟁 과정을 통해 주민들간의 단합이 강화되었던 사실을 거론한다. 셋째 소안의 사회계층 상의 특징이 진보적인 사회운동이 이곳에 자연스럽게 들어올 수 있는 여건을 만들었다고 할 수 있다. 넷째 지리적으로 항로의 요지에 자리하여 일찍부터 외부 세계, 근대문명과 접할 수 있었던 점도 들고 있다. 다섯째 신교육이 소안도 주민들의 민족의식, 사회의식 제고에 기여했다. 여섯째 뛰어난 지도자가 이곳에 있던 점도 작용했다.[4]

2) 소안도의 반일운동가들

선행연구에 기초해, 소안의 주요 반일투사를 들면 다음과 같다. 김사홍, 김경천, 송내호, 송기호, 최형천, 강정태, 김통안, 신준희, 신동희, 신광희, 신만희, 주채도, 김남두, 백형기, 이월송, 김홍기, 김병규, 이갑준, 이정동, 박홍곤, 박기숙, 김장균, 김명길과 *정남국, 정창남, 최평산 위경영, 이연동, 정광택, 김덕규, 김종호, 김옥산, 김창윤, 이수산 신봉채, 김장안 이형인 김석동, 이윤연 김영식, 이장백, 김수천 고산 김홍섭, 김영안*(이탤릭체는 일본에서 노동운동에 참여) 등을 들 수 있다.[5]

이 가운데 국내외에서 반일투쟁을 했던 정남국이 있다. 그의 생애를

---

4) 안종철 외 지음, 「정남국 - 소안도 「옥중가」의 주인공 -」, 『근현대의 형성과 지역 사회운동』, 새길, 1995, 122-123쪽.

5) 박찬승, 「일제하 소안도의 항일민족운동」, 『도서문화』(11), 목포대도서문화연구소, 1993. 12, 115-120쪽, 한동민, 「1920년대 후반 서울계 사회주의자들의 운동론」, 중앙대학교 석사학위청구논문, 1996, 41쪽, 참조.

연보를 통해 살펴보면 다음과 같다.

【 정남국 연보6) 】

- 1897년 2월 27일에 태어났다.(「사실조회의뢰회보서」) 경주 정씨.
  鄭益守(정익수)의 장남으로 비자리 출생. 부상리에서 성장했다.
  호적명은 台星이다. 독립운동 당시의 본적은 莞島郡 所安面 美羅
  1165번지였다.(「사실조회의뢰회보서」)
- 1906년부터 1911년까지 서당에서 한학을 공부했다. 당시 그는 가
  세가 곤란하여 상인들의 짐을 짊어다 주기도 하고 해산물장사도
  하며 가계를 도왔다.
- 1912년 완도공립보통학교에 진학.
- 1914년 광주농업학교 진학했으나 1915년 가정형편으로 중퇴했다.
- 1919년 3·1만세운동 때 완도면의 시위운동을 주도했다.(「사실조
  회의뢰회보서」)
- 3월 15일 완도 읍내에서 예수교, 천도교도를 규합하여 송내호(宋乃
  浩), 최형천(崔亨天), 신준희(申俊熙), 김경천(金景天), 강정태(姜正
  泰) 등과 만세운동을 주도했다.(『독립운동사』(3), 622-625쪽)
- 1919년 전남노농연맹 상임위원, 임정 군자금 모금원.(「평생이력서」)
- 1922년 조직된 수의위친계에 참여했다. 수의위친계에서 용정책임
  자로 파견.(「평생이력서」)
- 1922년 남조선노동총동맹 중앙위원.
- 1923년 倍達靑年會(1920년 조직)에 참여했다. 회장을 역임했다. (「사
  실조회의뢰회보서」) 이 시기 수의위친계의 명에 따라 임재갑 등
  을 이끌고 간도 용정에 파견되어 간도지방의 운동을 지원하고
  약 1년만에 귀국했다.

---

6) 박찬승, 「일제하 소안도의 항일민족운동」, 『도서문화』(11), 목포대도서문화연구소,
  1993. 12, 「東京朝鮮人諸團體歷訪記」, 『朝鮮思想通信』1927. 11. 30, 金正明 編, 『朝鮮
  獨立運動』(4), 原書房, 1966, 36쪽, 「제4공산당 피고별 판결」, 『동아일보』, 1929. 12.
  8, 「이병의, 박형병 징역 각 4년」, 『중외일보』, 1930. 5. 16, 「신의주공산당사건 정남
  국씨 출감」, 『중외일보』, 1930. 8. 10, 임재갑, 「정남국선생 약력」, 『완도군지』, 1992,
  325-326쪽, 등.

- 1924년 소안노농연합대성회에 참여해 악질지주 이강채(李康彩)가 노농회를 반대함으로 그를 타격할 것을 선언했다. 그 해 10월 1년간 복역했다.(1차)
- 1925년 10월 출옥했다.
- 1926년 6월 시기 박홍곤(朴興坤), 송기호(宋琪浩) 등과 사립소안학교 내에 병설된 중학강습소와 면내의 강연회, 독서회를 통해 사회주의를 선전했다.
- 1926년 6월 사상단체 살자회에 참여했다.
- 1926년말 수의위친계의 명에 따라 도일하여 大阪과 東京에서 노동운동에 투신했다.
- 1927년 1월 재일본조선노동총동맹 東京 서부지부 위원장, 관동노동연맹중앙위원장.(「평생이력서」) 5월에는 재일본조선노동총동맹 집행위원장이 되었다.
- 1927년 4월 시기 조선공산당 3차당 일본총국에 입당했다.
- 1927년 5월 10일 大阪, 東京, 橫濱의 완도향우회원 1,000여명을 모아 규탄대회을 열었다.(『조선일보』, 1927. 6. 6)
- 1927년 6월 재일본조선노동총동맹위원장으로 大阪 港區에서 4단체회원 80여명이 참석한 합동대회를 주도했다.(『조선일보』, 1927. 6. 24)
- 1927년 6월 소안학교복교동맹 실행위원으로 선임되어 大阪에서 총독부실정 반대실행위원회를 주도했다. 8월 일본 문부대신을 방문하여 소안학교 폐교조치에 대해 항의했다. 9월 귀국하여 소안학교 복교를 위해 총독부 학무국장 등을 만났다.
- 1928년 4월 춘경원공산당사건으로 검거되었다. 1929년 12월 신의주지방법원에서 징역 2년을 선고받고 공소를 제기하여 1930년 5월 평양복심법원에서 징역 1년 8월을 선고 받았다.(『조선일보』 1930. 5. 16)(2차)
- 1930년 8월 평양형무소에서 출옥했다.
- 1933년 일본에서 조선인실업자대책위원회 위원장, 三神철도 해고반대투쟁을 주도했다.
- 1934년 相愛會 테러사건으로 名古屋형무소에서 6개월 복역했다.(3차)
- 1936년 '조선민중공론사' 사장(「평생이력서」), 고물상 경영.

- 1937년 6월 조선민중당 발기.(「朝鮮民衆黨發起趣旨書」, 早稻田대
  학 마이크로필름실 소장)
- 1942년 삼시단(일본전력 약화 단체) 단장.(「평생이력서」)
- 송내호의 처제 김동개(金同開)와 재혼했다.
- 1945년 해방을 일본에서 맞이했다. 그 해 10월 완도로 귀국했다.
- 1950년 5월―1954년 4월 제2대 국회의원을 지냈다.(「평생이력서」)
  한국전쟁으로 별다른 활동을 하지는 못했다 한국 최초의 노동쟁
  의법을 국회에서 발의했으나, 통과되지는 못했다.
- 1955년 6월 19일 여수 제중병원에서 사망했다.(「사실조회의뢰회
  보서」) 향년 59세였다.

3. 정남국과 소안반일운동

정남국의 연보에서 확인된 주요 경력 가운데 소안지역에서의 반일투
쟁을 살펴보자.

1) 배달청년회

배달청년회는 1920년 소안도의 유지・청년들에 의해 지・체를 기르는
것을 목적으로 창립되었다. 주로 문화 발전 촉진에 주목하고 있었다.[7]

이 회는 1923년 면장과 연장자가 탈퇴하고, 진보적인 청년들을 중심
으로 개편되었다. 청년운동의 혁신에 따라 진보적인 조직으로 개편되는
데, 1927년까지 배달청년회의 회원과 주요 간부는 강정태, 신준희, 최형
천, 송내호 등이었다

배달청년회는 1927년 8월 28일 완도청년동맹의 결의에 따라 해체하게
되어, 총회를 11월 26일 소안학교에서 개최하기로 했다.[8] 이 해체총회를

---

7) 『조선일보』 1923. 12. 6.
8) 「배달청년회사건재판기록」, 『소안항일운동사료집』, 87쪽, 참조.

준비하는 과정에서 집행위원 최평산이 하기휴가로 소안도에 갔던 早稻田大學의 이정동에게 발전적 해체의 취지를 담은 선언문을 부탁하여, 이정동은 「선언」이라는 글을 써서 최평산에게 주고, 최평산은 해체총회에서 이를 배포하기 위해 25매를 인쇄하여 준비했다.[9] 이 선언문이 정치의 변혁을 목적으로 하여 안녕 질서를 방해했다는 구실로 청년회 간부들을 대거 구속한 이른바 '배달청년회사건'의 빌미가 되었다.[10]

2) 수의위친계에서의 활동

소안도에서의 조직적인 항일운동은 1920년대 초 비밀결사 守義爲親契로부터 시작되었다. 수의위친계는 1922년 송내호의 주도로 조직되었다. 이월송에 의하면, 수의위친계는 1차로 소안도에서 조직되어 이후 두 차례의 조직 확장과정을 거쳤는데, 창립 때와 2차에 걸친 조직 확대시의 조직 구성을 보면 다음과 같다. 창립 때는 송내호, 강정태 송기호, 최병우가 참여했다. 1차 확장 때는 所安面에서는 정남국, 신길조, 김응섭, 김득운, 이남두, 박임혹이 薪智面에서는 임재갑, 茅島에서는 장한준, 古今面에서는 이흥세, 金日面에서는 서종현, 莞島邑에서는 나봉균 등이 가담했다.

수의위친계 조직은 초기에는 소안도를 주축으로 하여 완도 일원으로 확장되었고, 뒤에 전라남도, 그리고 경상남북도 지역으로 확장되었다. 수의위친계에 참여한 인물들은 이후 소안도 항일운동을 주도했으며, 신간회 완도지회 등에 참여했다. 또한 조직이 확장되면서 강석봉, 한길상, 전도, 조극환, 이항발, 정병요, 설준석, 김철진 등이 참여했는데, 이들은 서울청년회계의 인물로 식민지시대 전남 사회운동의 핵심 인물이었다. 여기에서 완도를 중심으로 한 인물을 살펴보면, 정남국, 송내호, 송기호,

---

9) 「배달청년회사건재판기록」, 『소안항일운동사료집』, 86-97쪽.
10) 사건의 내용은 『조선일보』 1928. 10. 16, 1929. 2. 4, 2. 24, 10. 18, 1930. 4. 3, 참조.

신준희, 최형천 등이었다.

수의위친계는 먼저 소안도와 완도를 중심으로 해서 기본적인 조직을 갖추고, 이후 서울청년회의 인맥을 통하여 호남지방과 영남지방으로 조직을 확대해 나갔다. 이 과정은 철저히 송내호에 의해서 주도되었던 것으로 짐작된다. 송내호는 서울청년회, 전남해방운동자동맹 등에 참여하면서 비밀결사에 참여할 만한 사람을 따로 포섭했다.[11] 수의위친계는 전통적인 상호부조 조직이 발전하여 비밀 결사체로 전환된 것이다.

정남국은 이 수의위친계에 1차 조직 확장 때에 참여했다. 여기에는 중앙학교를 졸업하고 소안사립중화학원에서 교편을 잡고 있던 송내호의 영향이 컸던 것 같다. 이후 정남국은 수의위친계의 결정에 따라 박화국 등과 함께 간도의 용정에 파견되어, 대성중학에 적을 두고 간도 지방의 민족운동을 지원했다. 간도의 용정에도 소안의 정남국, 박화국, 이형두, 신지도의 임재갑, 노화도의 권유섭, 완도의 이형춘 등이 파견되었다. 정남국은 1년 만에 돌아오고 나머지 사람들은 약 3년 정도 활동한 후에 귀국했다.

그러면 배달청년회와 수의위친계의 관계는 어떠한 것이었을까. 수의위친계는 1922년에 조직되었고, 배달청년회는 1920년에 조직되어 1923년에 혁신되었다. 그리고 수의위친계의 핵심멤버들이 1923년 혁신된 배달청년회의 핵심 멤버가 되었다. 결국 비밀결사로서 조직되었던 수의위친계가 합법적이고 표면적인 활동을 위해 배달청년회에 참여, 이를 혁신시켰던 것을 알 수 있다.

3) 소안노농연합대성회에서의 활동

1924년 3월 정남국을 비롯한 배달청년회원들은 각 마을에 노동운동 단체를 조직하고, 이를 연합해 소안노농연합대성회를 조직했다. 정남국

---

11) 박찬승, 「일제하 소안도의 항일민족운동」, 『도서문화』(11), 목포대도서문화연구소, 1993. 12, 90쪽.

은 여기에서 최형천, 송내호, 신광희 등과 함께 중책을 맡았다. 이것이 빌미가 되어 정남국은 그해 10월 간부 12명과 함께 완도 경찰서에 구인되고 목포로 압송되어 조사를 받았다.

이렇게 소안노농연합대성회12)는 1924년 배달청년회원들의 주동에 의하여 조직되었다.13) 따라서 그 간부도 배달청년회 회원들로 구성되어 있었다. 창립 직후 노농회의 간부진은 강사원, 신준희, 최형천, 정남국, 신동희, 신광희, 신만희, 송내호 등이었다.14) 노농회는 각 리에 노동단체를 조직하고, 그 위에 연합회를 구성하는 형식을 취함으로써 약 7백명에 달하는 많은 수의 조직원을 확보할 수 있었다.

1925년 10월 1일 정남국은 최형천, 신준희 등과 만기 출소했다.15) 그는 출소한 후 소작지 이동의 조사, 악질 지주에 대한 대책 등을 마련하면서 본격적인 활동을 재개했다. 정남국 등이 출옥한 뒤 노농회는 10월 19일 제5회 집행위원회를 열고, 소작지 이동의 조사, 악질 지주에 대한 대책 마련 등을 결의했으며, 조사위원으로 정남국, 신준희, 박화국, 최형천, 강사원을 뽑았다.16) 특히 도초도 소작쟁의에 대해서는 동정금을 보내기로 하고, 동정금 모집위원으로 이재옥, 최평산을 선임했다.17)

노농회는 서울의 조선노농총동맹에서 현안이 되고 있던 노농운동의 조직 분화문제와 전남노농연맹 조직문제 등도 논의했다. 이러한 분위기 속에서 완도노농연합회는 1926년 4월 21일 오후 7시 완도노동공제회관에서 중앙집행위원회를 열고, 의장 신준희의 사회로 노동연합회와 농민연합회로 조직을 분리하기로 했다.18)

---

12) 이하 노농회로 약칭한다.
13) 「배달청년회사건재판기록」, 『소안항일운동사료집』, 85쪽.
14) 『조선일보』 1924. 10. 23, 『동아일보』 1924. 10. 27.
15) 『동아일보』 1925. 10. 4.
16) 『동아일보』 1925. 10. 30.
17) 『동아일보』 1925. 11. 21.
18) 『동아일보』 1926. 4. 28.

4) 살자회에서의 활동

화요회계와 서울청년회계는 1920년대 중반 각 지역의 운동가들을 이념적으로 무장시키기 위해 사상단체를 조직했다. 서울청년회계의 정남국과 송내호 등은 1926년 살자회라는 조직을 결성했다.

살자회는 정남국의 사회로 1926년 6월 13일 배달청년회관에서 창립되었다.[19] 창립 당시 회원은 25명으로 주요 구성원은 정남국, 송내호, 신준회, 최형천, 송기호, 강정태, 신광회, 최평산, 김통안, 김남두, 주채도, 김병규 등이었다. 강령으로 1. 우리들은 상호부조와 정의에 희생할 정신함양을 도모함, 2. 우리들은 신 사회 건설의 속성을 도모함 등을 채택했다.[20] 그리고 다음의 내용을 결의했다.

> "진실한 생활에 눈뜬 우리들은 이것을 최단기에 실현할 수단과 방법을 경지하고 이것을 대중의 심장에 넣기 위해 살자회를 조직한다. 이에 공명한 조직원들은 굳게 단결하자."[21]

이들은 회칙에서, 강령을 실천하는 것을 동회의 목적으로 하며, 회원 가입은 3인의 보증 추천과 전 위원의 동의를 얻도록 규정했다. 또한 회무 집행을 위해 본회에 서무, 연구, 선전의 3부를 설치하고, 여기에 총회에서 선정하는 위원을 두도록 했다. 창립 집행위원으로는 최형천, 최평산, 강정태, 김병규, 신준회가 임명되었다.

살자회는 창립총회에 이어 같은 날 오후 3시 임시총회를 열어, 구체적인 운동방법에 관해 토의했다. 여기서 그들은 농민운동은 소작농을 중심으로 하는 것은 물론이나 자작농을 포함한 농민운동이 되어야 하며, 노동운동은 비타협적 정신으로 경제적 해방을 주목적으로 하되 정치적 훈

---

19) 『동아일보』 1926. 6. 19.
20) 『동아일보』 1926. 6. 19.
21) 「배달청년회사건재판기록」, 『소안항일운동사료집』, 85-86쪽.

련을 도모하며, 청년운동은 무산청년운동의 지도적 정신 하에 민족주의 청년운동과 공동협력을 취해야 하고, 여성운동 역시 계급해방운동의 정신으로써 이를 촉진하는 운동이 되어야 한다고 했다.[22] 그리고 운동전선 통일에 대해서는 전 조선사회운동 분열상황에 대해 통일운동의 최고기관을 위해 당파적 소이익을 희생하고 일할 것을 무조건적으로 고조하되 만일 통일에 성의가 없는 자는 운동전선에서 축출할 것, 그리고 형평운동·교양문제, 사상동맹 및 중앙협의회 가맹의 건을 결의하고, 아울러 이러한 방침을 소안노농대성회, 배달청년회, 여성회에서 실행할 것을 결의했다.[23]

살자회는 6월 15일 제1회 집행위원회를 열고, 임원개선, 회원 전형, 사상동맹 및 중앙협의회 출석 대의원 선정[24] 등을 논의했다. 각 부원으로는 서무부에 최평산, 최형천, 연구부에 송내호, 강사원, 송기호, 선전부에 김병규, 신준회 등을 선정했다. 살자회는 1927년 11월 배달청년회사건 때 경찰당국에 의해 그 간부들이 대거 검거됨으로써, 활동이 중지되고 말았다.

이상과 같이 정남국은 소안지역에서 지역운동을 통해 반일투쟁하면서 전국적 전망을 가질 수 있었다. 여기에는 송내호를 비롯한 서울청년회계와의 조직적인 결합이 중요하게 작용했을 것이다.

4. 재일조선인운동과 정남국

1) 정남국과 도일

식민지시대 조선인은 경제, 정치적 이유에서 조선반도를 떠나 해외로

---

22) 「배달청년회사건재판기록」, 『소안항일운동사료집』, 86쪽.
23) 『동아일보』 1926. 6. 19.
24) 사상동맹 출석 대의원 정남국, 조선사회단체중앙협의회 출석 대의원 신준회를 뽑았다.(『동아일보』 1926. 6. 22.)

나갔다. 멀리는 미주지역과 가까이는 간도, 연해주 그리고 일본으로 이주했다. 이러한 조선인의 이주에는 자주적인 부분도 있으나, 일제의 강요에 의해 가기도 했다.

이 가운데 일제의 일본지역 조선인 노동자 동원을 시기별로 보면, 1910년대 조정기, 1920년대 구조적 노동력 동원기, 1930년대의 적극적 노동력 동원기, 1930년대말 이후 1940년대의 전시노무동원기로 나눌 수 있다.

1920년 일제에 의한 만주통치가 강화되면서 조선인은 반일 감정에도 불구하고 일본 이주를 선택했다. 조선인은 중국 동북지역이나 노령지역보다 위험부담이 상대적으로 적은 일본으로의 도일을 선택하게 되었다. 여기에 조선인 노동자에 대한 일본 기업의 적극적인 모집이 주요하게 작용했다.

1922년 12월 여행증명제도가 철폐되고, 1923년에는 도항증명제도가 적용되었다. 그리고 1923년 관동대지진 때는 파괴된 시가지의 복구를 위해 노동력이 필요하게 되자 일본 정부는 도항증명제를 폐지했다. 1925년 10월부터는 도항저지가 실시되었다. 1928년 7월에 가서는 조선총독부는 도항허가 조건을 까다롭게 하여 지참금을 60엔 이상 소지하고, 노동브로커의 모집에 의한 것이 아닌 조선인의 도일만 허용했다. 1927년 3월 일본경제는 금융공황으로 큰 타격을 받게 되었고, 1929년 세계공황에 의해 보다 심화되자 일본 기업의 조선인 노동자 단체 모집은 제한되고 도일은 재도항증명서제로 보다 통제되었던 것이다.

식민지시대 내내 조선 사람은 계속 도일해 갔다. 절대 다수의 소작농은 이농하여 외국으로 발걸음을 옮겼고, 도일했던 재일 조선인은 대부분 생계를 위해 건너갔던 것이다. 일부는 면학을 위해 그리고 반일운동을 위해 도일했다.[25]

---

25) 이와 함께 정치적 압박을 피하기 위한 경우도 있었다.(酒井利男,「朝鮮人勞動者問題」(上),『社會事業研究』(19-5), 1931. 5, 85쪽.)

그런가 하면 1923년 9월말 현재 大阪에 거주하고 있는 21,984명의 조선 사람 가운데 전라남도 사람은 11,352명이었다. 소안면 출신자들은 1925년경까지는 大阪市 港區 주변을 지역적 기반으로 한 泉尾조선노동조합에 결집되어 있었다.[26] 대표적인 소안 출신 泉尾조선노동조합 인물들로는 정창남(鄭昌南), 위경영(魏京永), 최평산(崔平山), 김영직(金永植), 김홍섭(金洪燮), 申奉彩(신봉채), 이수산(李洙山) 등이 있었다.

1927년에 大阪에 거주한 완도 출신은 약 1,700명 정도였다.[27] 김진택의 회고에 따르면, 그가 속한 소안초등학교 1937년 8회 졸업생 44명 가운데 40명이 일본에 갔다고 한다.[28] 특히 소안 출신의 도일자들은 일본에 있으면서도 고향의 학교나 청년운동에 관계를 갖고 서적 등을 기증하여 향리의 발전을 도모하기도 했다.[29]

이런 가운데 정남국은 반일투쟁을 위해 도일했다.[30] 그는 국내 활동의 한계와 운동의 지형확대를 위해 수의위친계의 파견으로 일본에 건너갔던 것이다.[31]

2) 재일본조선노동총동맹에서의 활동

재일조선인 운동에서 방향전환론이 대두한 이후 최초의 대회인 재일본조선노동총동맹 제3회 대회는 1927년 4월 20일 열렸다.[32] 제3회 대회

---

26) 外村大, 「戰前期在日朝鮮人社會の地緣結合-莞島郡所安面出身者とその學校閉鎖事件への對應から-」, 『民衆史硏究』(51), 1996, 63쪽.

27) 『조선일보』 1927. 11. 4.

28) 이균영, 「해방의 땅 소안도」, 『사회와 사상』, 1989. 9.

29) 『동아일보』 1926. 3. 5.

30) 정남국의 딸 정명진에 따르면 정남국은 1931년 시기에 가서 부인과 자식들을 일본에 불러들였던 것 같다.(1996년 8월 19일 전남 완도읍 삼광다방)

31) 조선노동총동맹의 파견일 가능성이 있다고 한다. -이균영, 앞의 글.

32) 재일본조선노동총동맹은 1927년 4월 20, 21일 양일 간 오전 10시부터 東京市 神田區 表猿樂町 明治會館에서 제3회 대회를 연다고 통지했다.(「재일본조선노동총동맹 제3회정기대회통지서」, 대원사회문제연구소 소장.)

는 당면과제 16개조를 결의하고 선언과 신강령, 규약을 채택했다. 16개조 가운데에는 실천적 과제로 전민족적 단일당의 수립과 신간회 지원을 들 수 있다. 당시에는 계급 모순보다는 일본이라는 지역적 특수성에 따라 노동운동을 중심으로 민족운동이 전개돼야 한다고 결의했다. 특히 제3회 대회의 선언과 신강령은 창립 시기의 것보다 계급적 성격을 명확히 한 정치투쟁적 내용들로 채워져 있었다. 그리고 제3회 대회 이후 각지에 분산적으로 조직된 조합을 정리, 통합하려는 1府縣 1조합 원칙이 수립되었다. 이에 따라 조직의 중앙집중화가 강화되었고, 1927년 4월에는 30,312명이 구성원인 조합으로 성장했다.

정남국은 1926년 하반기부터 일본을 왕래하면서 본격적인 활동을 시작한 것 같다. 그는 1927년 1월 재일본조선노동총동맹 동경 서부지부 위원장을 맡았다. 이 조직을 무대로 정남국은 같은 해 6월 1일 일본에서 40여 사회 단체의 후원으로 조선총독부의 정치를 공격하는 연설회를 개최해서, 소안학교 폐교사건에 대한 진상을 보고했다.

1927년 10월말 재일본조선노동총동맹의 집행부는 집행위원장 정남국 체제였다.[33] 재일본조선노동총동맹 집행부에는 일본부의 구성원으로 정남국, 강소천, 박천, 남영우 등이 활동했다.

재일본조선노동총동맹 제4회 대회는 1928년 5월 13·14일 양일간 東京帝大 셋츠루멘트 대강당에서 열렸다.[34] 제4회 대회는 원래 1928년 4월 27-29, 3일간 개최 예정이었는데,[35] 4월 21일 본부의 습격과 28일 집행위원장 정남국, 김계림, 권대형, 정희영, 송창렴 등의 구속으로[36] 연기되어 5월 13·14일에 개최되었다.

33) 실제로 강소천과 박천은 신간회와 국내 조선청년총동맹에서 활동하고 있었기 때문에 결원인 상태였다.(『조선사상통신』 1927. 11. 30.)
34) 「안내장」, 「초대권」, 대원사회문제연구소 소장, 『日本社會運動通信』(48), 1929. 4. 29.
35) 「우리 일본조선노동총동맹본부 가택수색과 간부 총검 속에 대하여, 일본의 전투적 노동자 농민에게 격함」(1928. 4. 24), 대원사회문제연구소 소장.
36) 『無産者新聞』(165) 1928. 7. 5.

제4회 대회는 조선공산당 일본총국의 조직적인 준비로 전개되었다. 여기에서는 선언과 운동방침을 채택했다. 아울러 신간회를 통한 강력한 당의 필요와 재일본조선노동총동맹의 산업별 조직화, 일본노동자와의 공동투쟁을 강조하는 내용의 구체성을 담보하기도 했다. 그리고 제4회 대회는 일상적인 활동을 소위원들의 보고를 통해 정리했다. 특히 大阪事件에 대한 처리를 통해 파벌의 존재를 인정하지 않는 조치를 취했다.

대회 둘째날에는 大阪事件 진상소위원회가 열렸다. 大阪事件은 1928년 3월 28일 대판조선노동조합 집행위원회가 대판조선노동조합의 김수현에게 東南지부로 이동하라는 지시를 무시하고, 하부조직인 東北지부 상임집행위원회에 새로이 취임한 金光을 제명하기로 결정한 데에서 시작된 일련의 내부투쟁이었다.

이에 대해 조선공산당 일본총국의 지도로 재일본조선노동총동맹 중앙에서는 권대형[37]을 파견하여 중재를 시도했다. 그러나 반간부파 대의원들의 대판조선노동조합 확대집행위원회는 두차례의 대회를 열어 4명의 제명을 결정했다.[38] 1928년 4월 11일 대판조선노동조합 확대집행위원회는 남영우, 윤동명, 김수현, 안종길을 분리주의자로 제명하고 김광을 복권하기로 한 내용을 받아들였다. 4월 23일 제2차 위원회는 제명당한 사람들을 포함한 소위 간부파가 참석하지 않은 가운데 4명의 제명과 신간부의 선임을 했다. 신집행위원을 보면, 위원장 송장복, 김문준, 김병국, 김달환, 김광 등이 맡았다. 여기에 대항해 제명당한 간부들은 부당성을 호소하기 위해 재일본조선노동총동맹 중앙에 부당성을 상소했던 것이다. 결국 大阪事件은 다음의 내용을 정리했다. 1) 윤동명과 남영우의 제명을 취소한다,

---

37) 1928년 5월 조선공산당 일본총국 회의에서 한림, 인정식, 송창염은 회합하여 대판조선노동조합의 내분을 해결하기 위해 재일본조선노동총동맹에서 위원을 파견하기로 결정했는데 그가 권대형이다.(「김한경외29명치안유지법위반사건예심결정서사」 참조)

38) 자세한 내용은 金森襄作, 「在日朝鮮勞總 「大阪事件」 について」, 『在日朝鮮人史研究』(20), 1990. 10, 103-104쪽, 참조

2) 정남국(鄭南局)은 무기정권에 처한다,[39] 3) 김광은 제명한다.

한편 1928년 3월 경성지방법원 검사국의 '제3차 조선공산당 고려청년회 사건 검거의 건'에 대한 자료에 따르면, 정남국은 1927년 4월 5일 東京에서 조직된 조선공산당 일본부 당원으로 참여했다고 기록하고 있다.

조선공산당 3차당 중앙의 혁명론에 입각하여 조선공산당 일본부는 민족해방운동은 프롤레타리아의 주도권 아래 실현된다는 전제 아래 일본에서는 조선 노동자 및 청년을 지도하여, 그들로 하여금 경제투쟁을 격발시켜 정치투쟁으로 전환시킨다는 방침을 세웠다. 이에 따라 조선공산당 3차당은 1927년 4월 박락종의 집에서 조선공산당 일본부 조직을 발의했다.[40]

당시 조선에는 조선공산당 3차당이 재건되어 김철수의 뒤를 이어 안광천이 책임비서를 맡고 있었으며, 서울파 내부에서는 조선공산당 3차당에의 참여문제를 둘러싸고 논쟁이 벌어지기도 했다. 이 과정에서 서울청년회계 신파들은 정우회선언에 찬성하여 조선공산당 3차당에 가담했고, 이영을 중심으로 한 구파는 1927년 12월 21일 무교동의 춘경원에서 별도로 조선공산당을 조직했다. 이를 '춘경원공산당'이라고 한다. 정남국도 여기에 참여했다. 그후에는 1928년 2월 조직된 4차 조선공산당에서 정남국은 완도 조직책을 맡았다.

국내외를 오가며 활동하던 정남국은 정창남, 위경영 등의 다른 구성원들과 1928년 4월 '춘경원공산당' 사건으로 검거되어 신의주로 압송되었다. 1929년 12월 신의주지방법원에서 징역 2년을 선고받았다.[41] 이로

---

39) 정남국에 대한 이러한 결정은 그가 서울청년회계와 조직적인 관련성이 있었기 때문이라고 할 수 있다. 김문준과 대판지역의 제주도 출신들이 서울청년회계의 사상 세례를 받은 것을 전제한다면 정남국, 김문준 등의 활동이 조선공산당 일본부와 일본총국의 활동과 일정한 거리를 갖고 대판을 근거지로 전개되었다고 생각해 볼 수도 있다. 보다 구체적인 자료와 면밀한 검토가 요구된다.
40) 김준엽·김창순, 「김한경외29명치안유지법위반피고사건예심결정서」, 『한국공산주의운동사』(자료편2), 고대 아세아문제연구소, 1980, 810쪽.
41) 『동아일보』 1929. 12. 8.

인해 당시 소안도에서는 「옥중가」라는 창가가 면민들 사이에서 유행했
다.[42] 신의주에서 체포되어 감옥에 갇혀 있던 정남국을 기리며 이 노래
를 불렀던 것이다.

식민지시대 소안도에는 소안사립학교의 설립과 함께 민족노래가 중요
한 사회운동의 매개 역할을 했다. 당시에는 옥중가를 비롯해 「학도가」,
「독립군가」, 「행진곡」, 「이별가」, 「애국가」, 「여권신장가」, 「망향가」, 「소
년단가」, 「운동가」 등이 널리 불렸다.[43] 특히 정남국을 기리며 부른 옥
중가의 내용은 조선 민중의 기상을 잘 표현하고 있다.[44]

3) 소안학교 폐교 반대운동

일찍이 소안도에는 서당이 아동들의 교육을 담당했다. 대체로 신식학
교가 들어서기 전까지는 서당이 유일한 보통 교육기관이었다. 1913년 신
학문을 가르치는 신교육기관으로서 사립중화학원이 비자리에 설립되었
다. 사립중화학원은 인근의 삼도가 주민들에게 신교육을 펴고 있는 것을
보고 만들어졌다. 사립중화학원의 교장과 교사진을 보면 다음과 같다.
원장 : 김사홍(초대), 최성태(2대), 김경천(3대), 교사 : 김경천, 황의보, 송
내호, 강정태, 송기호, 최홍길, 정창남, 김문건, 염경환 등이었다.

소안도의 학원은 주로 부녀자들의 교육과 빈농 자제들의 교육을 담당
했으며 야학인 경우가 많았다. 당시 학원은 이월리, 이남리, 비자리, 미
라리, 맹선리, 동진리, 소진리, 부상리 등에 설치되었다.

---

42) 안종철 외 지음, 「정남국 - 소안도 「옥중가」의 주인공 -」, 『근현대의 형성과 지역 사
   회운동』, 새길, 1995, 참조.
43) 『소안항일운동사료집』, 참조.
44) 옥중가는 다음과 같다. 평안북도 마지막 끝 신의주 감옥아/이세상에 태어난지 몇
   해 되었나/이제부터 너와나와 둘사이에/잊지못할 관계가 생기었구나/앞뒤를 살펴보
   니 철갑문이요/곳곳에 보이는것 붉은 옷이라/슬프도다 감옥에 있는 우리 형제들/이
   런고생 저런고생 악행 당할때/두눈에서 눈물이 비오듯 하나/장래일을 생각하니 즐
   거웁도다/여보시오 같이나갈 우리 앞길에/추호라도 낙심 말고 나가세.

1923년에는 사립중화학원이 사립소안학교로 개편되면서 소안에 반일
투쟁의 교육장이 들어섰다. 사립소안학교는 단순한 교육기관이 아닌 민
족운동가 양성기관의 의미를 가지고 있었다. 소안도의 민족운동 지도자
들은 중화학원과 소안학교에서의 교육을 통해 전국적인 운동가, 일본·
중국 등지에서 활동할 운동가를 키워내고자 했고, 실제로 성과를 거두었
다. 따라서 소안도의 민족운동사에서는 교육운동이 차지하는 비중이 작
지 않다고 하겠다.

사립소안학교가 세워지게 된 것은 소안도 토지계쟁사건과 밀접한 관
련이 있었다. 소안도는 본래 궁방전이 많았고, 한말 수조권자는 이기용
(李埼鎔)이었다. 이기용은 1905년 이후 일제의 토지소유권 정리과정에서
소안도의 토지소유권을 가로챘다. 이에 소안도민들은 1909년 이기용에
대항해 '전면토지소유권반환청구소송'을 제기했다. 이 소송은 13년 동안
이나 계속되었으나, 소안도민들은 1921년 2월 14일 마침내 승소판결을
받아내 토지소유권을 되찾을 수 있었다.45) 이를 기념하기 위해 면민들은
뜻 있는 일을 하기로 의견을 모으고, 1912년부터 경영해 오던 사립중화
학원의 시설을 보강하여, 학교로 승격시켜 완전한 교육기관으로 만들기
위해 의연금을 모집했다. 그 결과 1만 4백원의 거액이 모금되어 가학리
에 교사를 신축하고, 1922년 5월 1일 당국의 인가를 얻어 1923년 5월 16
일 개교했던 것이다.46)

3대 소안학교의 교장은 김경천, 교사진은 강정태(姜正泰), 송기호(宋琪
浩), 김현곤(金炫坤), 백태윤(白泰胤), 신동희(申洞熙), 최형천(崔亨天), 이
호견 부부 등이었다. 학생수는 150여명이었다. 인근 노화도, 청산도, 해
남 심지어는 제주도에서까지 유학생이 몰려들었다고 한다. 학년은 6학년
까지 있었으며, 각 학년에는 갑, 을반이 있어 을반을 마친 뒤 갑반으로
올라가도록 되어 있었고 유급제가 있었다고 한다. 수업은 조선어, 일어,

---

45) 이균영, 「해방의 땅 소안도」, 『사회와 사상』 1989. 9.
46) 『조선일보』 1927. 5. 17.

산수, 체조, 교련(여자는 재봉, 편물) 등의 시간이 있었으며, 연극회 등이
있어 주민계몽을 위한 순회 공연을 했다. 그리고 부설로 2년제의 중학부
를 설치하여, 여기에서 영어, 수학, 사회, 역사를 가르치기도 했다.[47]

1924년 10월 노농대성회사건으로 송내호 등이 구속되자, 일제는 이
기회에 소안학교를 공립학교로 만들어 버릴 음모를 꾸미며, 완도군수 김상
덕이 교장 김경천에게 소안학교를 공립학교로 승격시켜주겠다고 제안했
다. 그러나 교장 김경천은 이를 단호히 거절했다. 이후 일제는 소안학교
를 공립학교로 전환시키는 것이 어렵다고 판단하고, 아예 공립학교를 하
나 새로이 세워 상급학교에 진학하는 데 불리한 조건을 안고 있는 사립
학교인 소안학교를 눌러버릴 구상을 하게 되었다. 이에 따라 1925년 6월
완도군 당국은 소안학교에서 얼마 떨어지지 않은 곳에 공립보통학교를
세우기로 하고, 1926년 개교시켰다. 그러나 소안학교에는 학생수가 150
명이나 되었지만, 공립학교에는 30명밖에 되지 않았다. 공립학교 설치로
소안학교를 누르려고 했던 계획은 일단 수포로 돌아갔다.[48]

사립학교 반대파인 김명륜, 이강채, 이한재, 이원재 등은 소안학교에
서, 일본의 국경일에도 놀지 않고 일장기도 달지 않으며, 국상 중에 상
장을 부치지 않고 있다면서,[49] 사립학교 폐지 진정서를 각 관청에 제출
했다. 1927년 4월 21일에는 공립보통학교와 사립소안학교 학생들 사이에
언쟁이 벌어졌다.[50] 사립학교 반대파는 공립학교 학생들을 자극하여, 공
립학교 학생이 사립학교 학생들에게 매맞은 것은 모욕이니 사립학교를
폐지시켜 달라는 조건으로 동맹휴학을 일으키게 했다. 『조선일보』 1927
년 5월 18일자 기사에 따르면, 당시 소안학교 사건에 대한 여론을 짐작
할 수 있는데, 신문의 보도에서는 '일개 소학교를 넘어뜨리고……. 갖은

---

47) 박찬승, 「일제하 소안도의 항일민족운동」, 『도서문화』 (11), 목포대도서문화연구소,
    1993. 12, 109－110쪽.
48) 『조선일보』 1927. 5. 17.
49) 『조선일보』 1927. 5. 18.
50) 『조선일보』 1927. 5. 17.

수단을 다하였다고 하니 그 소학교의 뿌리가 대관절 얼마나 깊이 박혔으면 저렇듯 뽑히지 않았을까. 대세 거스르는 자 얼마나 굳세인 이념을 잡고 있는지 그 비밀이라는 내막을 헤쳐보고 싶다'(원문 그대로)고 했다.[51] 결국 일제는 사립학교 반대파의 진정서를 받아들이는 형식을 취해, 1927년 5월 10일 완도, 진도, 해남, 강진 등지의 6개 경찰서에서 동원한 경관 40~50명과 군수 이하 7명의 군청 직원이 소안도에 직접 가서 총독부 학무국장 명의로 소안학교에 대해 「사립학교령 16조에 의하여 폐교를 명함」이라는 근거로 문을 닫게 만들었다.[52]

여기에 대항해 소안학교측은 복교문제에 대한 소안 면민들의 의견을 모으기 위해 복교찬성과 반대에 대한 서명을 받았다. 결국 일본 경찰의 혹독한 탄압은 촌락 사이의 교통 차단과 주민 검거, 나아가 학생 검거로 귀결되었다.[53] 이에 맞서 김경천, 최형천 등은 관공서 방문투쟁[54]을 하는 한편, 복교문제를 국내외에 알렸다. 여기에 동조하여 김제청년동맹, 이리청년회 등이 격려문과 탄핵연설을 했다.[55] 한편 소안사립학교의 폐교 이후 공립보통학교에 등교하는 학생들이 일본 순사의 경호를 받는 괴현상이 나타나기도 했다.

소안학교측은 투쟁을 계속하여 면민의 복교찬성 서명을 받은 후인 6월 30일 경찰이 임석한 가운데 위원회를 개최하고, 다음과 같은 사항을 결의했다.[56]

　　1. 칠백여명의 복교탄원서는 위원 두 사람을 선정하여 일본문부성에

---

51) 『조선일보』 1927. 5. 18.
52) 『조선일보』 1927. 5. 17. 일제 당국이 폐교와 함께 내건 광고의 내용은 다음과 같다. 1. 면민은 일체의 집회를 금지함, 2. 면민은 흉기를 소지하지 말 것, 3. 면민은 곤봉 또는 곤봉과 유사한 것을 소지하지 말 것.
53) 『조선일보』 1927. 5. 23.
54) 『조선일보』 1927. 6. 4.
55) 『동아일보』 1927. 6. 14, 6. 29.
56) 『동아일보』 1927. 7. 6.

는 정남국씨, 조선총독부에는 신준회씨를 파견할 것.

2. 학생안무부는 전일 결의를 관철할 것.

3. 소안학교폐쇄에 대한 면민대회위원회란 명칭은 너무 광막함으로 복교찬성자 7백명을 맹원으로 하여 사립소안학교복교동맹이라고 변경하고 규약제정은 서무부에 일임함.

4. 사립소안학교복교를 목적으로 운동기금을 전사회단체 또는 개인으로부터 동정금을 구하며 실행위원으로 정남국 외 4인을 선정함.

5. 전 사회에 성명서를 발표함.

6. 반동단체인 소안진흥회가 본교를 공립보통학교부설로 하기 위하여 면민에게 날인을 받는다 하니 철저히 조사하여 선후책을 강구할 것.

한편 몇몇 활동가들은 소안에서의 명망성을 그대로 일본에 가서도 유지하면서, 소안 출신의 구심적인 역할을 했다. 그러한 모습은 소안학교 사건이 발생하자 보다 강화된다.

일본의 각지에 있던 완도향우회들은 사립 소안학교의 소식을 접하고,[57] 조선총독부의 소안학교 폐교조치에 대해 항의운동을 활발하게 전개했다.

大阪완도향우회, 東京완도향우회, 橫濱완도향우회는 3단체 합동으로 격문 4천매를 각지에 발송하고, 5월 22일 大阪완도향우회는 大阪에서 '소안사립학교 폐교반대동맹'을 조직하고 연설회도 개최했다.[58] 大阪에서는 '총독부실정 반대실행위원회'가 조직되어, 6월 1일 오후 7시 大阪 천왕사 공회당에서 재일본노동총동맹 관서연합회, 일본노동조합, 노동당 大阪지부, 전국청년동맹, 수평사 외 우의단체 40여개의 후원으로 조선총독부의 폭압통치를 공격하는 연설회를 개최했다.[59] 먼저 신재용(辛載鎔)

---

57) 특히 소안학교사건은 신문기사 보다도 빨리 일본의 소안 출신자들에게 전달되었다. (外村大, 「戰前期在日朝鮮人社會の地緣結合-莞島郡所安面出身者とその學校閉鎖事件への對應から-」『民衆史研究』(51), 1996, 70쪽.)

58) 『조선일보』 1927. 6. 6.

59) 일본공산당 기관지 『無産者新聞』 1927년 6월 11자에도 보인다.

의 개회사 이후, 일본노동조합평의회 본부 집행위원장 野田津太가 일본 제국주의 정책의 반동성에 대해 폭로연설을 하고, 소안도 출신으로 재일본노동총동맹 중앙집행위원장을 맡고 있던 정남국이 소안학교 폐교사건에 대해 진상을 보고했다.[60] 이후 정남국은 8월에서 9월 사이에 東京, 京都, 大阪, 橫濱 등 일본 각지를 순회하며 계속해서 진상보고회를 열었다.[61]

이와 함께 東京완도향우회에서는 7월 20일 오후 7시 정남국의 개회사로 상무 최서일의 경과 보고가 있었다. 그리고 다음과 같은 내용을 결의했다.

  1. 장학기군의 횡사한 사건은 철저히 규명한 후 대책을 강구할 것.
  2. 사립소안학교 복교동맹에 참가하는 동시에 적극적으로 활동을 전 개할 것.
  3. 청산서부 학교문제에 대하여는 완도 군수에게 경고문을 발송할 것.
  4. 자지도 학교문제는 지주 모모에 대하여 성토문을 발하는 동시에 동지 사회단체에 대하여 그들의 금후행동을 감시케 할 것.
  5. 여서도 학교폐교문제에 대하여는 동지 모 등에게 성토문을 발송할 것.
  6. 고금면 수리조합 사건은 철저히 조사하여 사실을 규명할 것.
  7. 완도중학원은 적극적으로 후원할 것.
  8. 본회 기관지 기별 독자는 내월 5일 내로 실현할 것.

재일 완도 출신들은 완도지역의 상황에 항상 주목하면서, 정남국의 주도로 일본에서도 지원활동을 전개했다.

일본에서 활동하고 있었던 정남국은 1927년 8월 초 복교동맹의 대표 자격으로 신간회 동경지회 대표 강소천과 함께 일본 정부 문부대신을 방문해 항의문을 전달했다. 또한 같은 해 9월 귀국하여 완도군수를 방문해 복교를 요구했으나 거절당했다. 그리고 학무국장을 방문해 복교조치

---

60) 『조선일보』 1927. 6. 6.
61) 『동아일보』 1927. 10. 25.

를 촉구했다.[62] 하지만 11월에 발생한 배달청년회사건으로 다수의 구성
원이 구속되면서, 이 일도 제대로 진행되지 못했다.

이상과 같이 일본의 소안 출신들은 민족해방운동을 전개하면서, 동시
에 지연에 기초하여 지원과 귀향 활동을 지속적으로 전개했던 것이다.
한편 일본노동농민당의 古屋貞雄과 신간회 동경지회의 강소천이 하의도
사건과 함께 소안학교사건을 조사하기 위해 현지를 방문하기도 했다.[63]

4) 1930년대 정남국의 반일운동

평양형무소 출소 이후 정남국은 다시 도일했다.[64] 필자가 현재 자료
상으로 확인한 1930년대 도일 이후 정남국의 활동은 우선 전협계가 지
도한 東京의 野中屑物問屋쟁의를 들 수 있다. 이때 정남국은 몇 사람의
조선인과 함께 이 쟁의에 개입했던 것 같다.[65]

정남국은 1933년 일본에서 조선실업자 대책위원회 위원장을 역임했으
며, 철도노동자 해고 반대투쟁에 참여했다. 1934년에는 친일 단체 테러
사건으로 名古屋刑務所에서 6개월간 복역했다. 그후 정남국은 일본에서
사회운동에 참가했는데, 전술한 연보에서 1930년대 정남국의 주요경력
을 보면 다음과 같다.

- 1933년 조선인실업자대책위원회 위원장, 三神철도 해고반대투쟁
  을 주도.
- 1934년 相愛會 테러 주도.
- 1936년 '조선민중공론사' 사장.

---

62) 『조선일보』 1927. 8. 7.
63) 『동아일보』 1927. 11. 4.
64) 1930년대 중반 재일조선인의 귀국은 합법적으로 진행되기 보다는 불법적인 형태
　　가 많았고, 실제로 도일 자체가 일제의 승인을 얻기 힘든 상황이었던 것 같다.(『조
　　선일보』 1936. 5. 5.)
65) 『社會運動の狀況』(1932), 참조

- 1937년 조선민중당 발기.
- 1942년 삼시단 단장.

이러한 정남국이 해방을 맞이한 곳은 일본이었다. 이후 그는 1945년 10월경 완도로 돌아왔다.

5. 맺음말

식민지시대 조선의 민족해방운동에 있어 지역단위에서 반일투쟁이 활발했던 장소로 우선 거론하는 곳이 소안도이다. 일찍이 소안은 외부와의 접촉과 사회 내적인 요구에 기인하여, 반일투쟁이 활발했던 지역이다. 소안의 반일운동은 국내뿐만 아니라 국외에서도, 그리고 1920년대뿐만 아니라 1930년대에도 계속 되었다. 특히 1930년 전라남도 다도해 지역의 혁명적 농민운동은 소안도의 반일투쟁이 한 계기로 작용하기도 했다. 이 지역에서는 걸출한 활동가들이 많이 나타났다. 송내호, 송기호 형제와 정남국 그리고 정창남 등이 바로 그들이다.

이 가운데 정남국은 국내외를 오가며 민족해방운동의 선봉에 섰던 인물이다. 그는 소안에 있을 때는 선진적인 청년, 사상단체에 가담하고 지역의 운동을 견인했으며, 서울청년회계의 사람들과의 접촉을 통해 이론적 토대를 다졌다. 이에 따라 지역의 운동가에서 머물지 않고, 전국적 규모의 반일투쟁 조직에 적극 가담했다. 그 모습은 노농운동단체의 연합을 통해 알 수 있다. 이후 일본에 건너간 정남국은 노동운동에 종사하고, 한편으로 국내와 지속적으로 조직적인 유대를 가지면서 정치투쟁을 본격적으로 전개해 한국공산주의운동사에 있어 양대 당 조직인 조선공산당과 춘경원당에 가담했던 것이다.

특히 정남국은 일본에서 국내운동의 경험과 소안지역 출신들의 지원

아래 재일본조선노동총동맹의 책임을 맡고, 1927년 재일조선인 민족해
방운동의 극성기를 주도적으로 맞이했다. 이 가운데 국내와의 조직적인
연대투쟁의 사례인 소안학교 사건은, 일본에 알려져서, 국제적인 투쟁을
도모했던 것으로 얘기할 수 있다.

이상과 같이 정남국은 국내외를 넘나들면서 기본운동에 충실했다. 오
랜 시간의 투옥에도 불구하고 식민지시대 전 기간에 걸쳐 투쟁을 멈추
지 않았다. 우리는 그를 통해 국내운동과 일본운동을 연결하는 한 지역
으로 소안을 생각하게 된다.

재일활동가 金容珪의 혁명론에 대한 시론

1. 머리말

식민지시대 재일조선인은 경제, 정치적 이유와 공부를 하기 위해 도일하여 일본 사회 속으로 들어갔다. 그들은 일본 내 다른 소수 민족과 달리 조직력과 집단의식이 강했고, 실제로 그것은 투쟁의 형태로 나타났다. 조선인이 사는 곳에는 마을이 형성되었고, 이 마을은 곧바로 조선인만의 공간으로 탈바꿈했으며, 조선인 마을이 민족해방운동의 구심이 되는 것은 자연스러운 현상이었다.

재일조선인의 운동은 다양성을 담보하며, 일본 전역에서 식민지시대 전 기간에 걸쳐 전개되었다. 이러한 운동은 노동운동에 토대를 두고 민족적 색채가 강한 정치 투쟁을 통해, 반일투쟁을 현실 속에서 지속적으로 전개했다.[1]

이러한 현상은 식민지시대에 나타났는데, 특히 1930년대말 40년대 초에는 학생들의 조직사건을 중심으로 전개되었다. 대표적인 투쟁 조직으로는 동경농업대학그룹, 早稻田大學그룹, 중앙대학그룹, 일본대학그룹 그리고 형상좌 등이 있었다. 이름대로 그 실체가 명확하지 않다. 동경농업대학그룹은 1935년 4월 동경농대에 입학한 이영화, 박재섭이 학내 「농업사연구회」를 토대로 하여 마르크스주의 연구와 계몽 등을 위해 조직

---

1) 졸저, 『식민지시대 재일조선인운동 연구』, 1996, 국학자료원, 참조

했다. 이와 함께 早稻田大學 내에는 우리동창회, 조선문제연구회가 조직 되어 선도적인 역할을 수행했다.

필자는 지금까지 몇몇 재일 조선인 활동가에 주목해 보았다.[2] 이들은 1920년대 일본과 국내를 넘나들며 활동했던 인물이었다. 따라서 1920년 대 재일조선인 운동이나 국내운동과의 관련 속에서 역할을 자리매김할 수 있었다. 반면에 이들 활동가들의 정세인식이나 혁명론 등에 대해서는 거의 언급하지 못했다. 아울러 1930년대 후반 40년대 초의 재일조선인의 활동을 그려보지 못했다. 이에 본고에서는 『金容珪治安維持法違反事件 訊問調書』(昭和17年)[3]를 통해 1930년대 말 40년대 초 김용규의 활동과 혁명론을 구성하여, 재일조선인 민족해방운동사에 대한 인식의 지평을 넓히도록 하겠다.

김용규는 스스로가 밝혔듯이, 마르크스주의에 입각해 정세를 파악하 고 전략과 전술을 채택했다.[4] 본고는 이러한 김용규의 혁명론을 조서의 내용을 통해서만 시론적으로 검토한다. 따라서 특별한 주가 없는 경우는 그의 조서를 참고했음을 미리 밝혀둔다.[5]

---

2) 필자의 글은 다음과 같다. 「1920년대 재일 조선인운동과 金天海」, 『韓國民族運動史 硏究』(于松趙東杰先生停年紀念論叢II), 1997, 8, 나남출판, 「민족해방운동과 정남국」, 1997, 『성대사림』(12 · 13), 「재일조선인 운동과 김두용」, 1998, 『한국민족운동사연구』 (18).
3) 자료를 제공해 주신 국사편찬위원회의 이상일선생님께 감사 드린다.
4) "나는 마르크스의 자본론, 유물변증법에 입각해서 세계정세, 일본정세, 조선총독정 치 등을 분석, 비판하여 동지를 계몽하고 민족독립, 공산주의를 강조하여 유효적절 한 지도를 해 왔다."(『金容珪治安維持法違反事件訊問調書』(昭和17年), 神奈川縣特別 高等課, 68쪽.)
5) 본고는 어디까지나 시론적 글로 다른 활동가의 활동과 비교하거나 이론의 대비를 하지 못하고 있다. 이것은 추후의 숙제로 남겨둔다

2. 연보

김용규(金容珪)의 연보6)를 정리해 보면 다음과 같다.

【김용규 연보】

- 1914년 11월 10일 전라북도 金堤郡 金溝面 上新里 501번지 출생.
  이명 星光一, 靑山 進.
- 중농의 가정에서 태어나 金溝보통학교를 졸업하고 보성고등보통
  학교를 다님. 4학년 때부터 『勞動者ト農民』, 『今の世の中』, 山川
  均의 『資本主義のからくり』 등을 읽고 공산주의에 탐닉함.
- 1931년 6월 5학년 재학 중 동맹휴교에 참가해 불기소처분을 받
  고 퇴학당함.
  고향에서 농사를 짓다가 奉天市에서 잡곡점원으로 취업함.
- 1934년 10월경에 도일하여 우유배달부 등을 하면서 고학함.
- 1935년 9월부터 1936년 3월까지 法政大學 전문정경과 재학.
- 1935년 10월 사상범 용의자로 東京杉竝경찰서에 1일 검속.
- 1939년 9월부터 專修大學 예과 재학.
- 1940년 2월 이천우(李天雨) 등의 공산주의연구회에 참가.
- 1940년 10월 신규식(申奎植), 신영우(申瀁雨) 등과 함께 橫濱조선
  인학생민족・공산주의그룹을 결성함.
- 1941년 12월 8일 태평양전쟁이 발발하자 조선에 돌아와 독립운
  동을 전개하기로 협의함.
- 1941년 12월 13일 이후 관련자 7인이 검거되었고, 1942년 치안유
  지법 위반으로 송국됨. 같은 해 8월 15일 기소됨.
- 도일 후인 1935년 11월경부터 河上肇의 『第二貧乏物語』, 『經濟學
  大綱』, 꼼아카데미 편, 『無産者政治敎程』(第1部)(第2部), 『唯物史觀
  的世界歷史敎程』, 엥겔스의 『私有財産と家族の起源』, 『賃勞動と

---

6) 연보의 작성에는 다음의 자료를 참조했다. 『金容珪治安維持法違反事件訊問調書』(昭
和17年), 神奈川縣特別高等課, 『社會運動の狀況』(1940,42年版), 『特高月報』 1940. 5,
10, 1942. 6, 近代日本社會運動史人物大事典編集委員會編, 『近代日本社會運動史人物
大事典』, 日外アソシエーツ社, 1996.

資本』, 川上貫一의 『資本論讀本』, 미친의 『辨證法的唯物論』, 大森
義土郎의 『辨證法的唯物論讀本』, 相川春喜의 『歷史科學の方法』,
위트포겔의 『市民社會史』, 『支那社會の科學的基礎』 등을 읽음.
아울러 백남운의 『조선사회경제사』, 이청원의 『조선역사독본』,
웨일즈의 『세계문화사개론』 등도 섭렵함.

3. 김용규의 주요 조직 활동

김용규는 당시 유학생 활동가들의 보편적인 모습을 보이고 있는데,
주요 일본에서의 관련 조직사건을 정리해 보면 다음과 같다.

1) 공산주의연구회[7]

확인 가능한 일본지역에서의 김용규의 혁명적 조직 사건은 이천우(李
天雨)와 관련된 사건을 우선 거론할 수 있다.

이천우는 조선민족의 해방은 공산주의사회의 실현에 의해서만 가능하
다고 생각하고, 김수진(金壽鎭)과 의견을 교환하며, 일본제국주의는 지나
사변의 과정에서 필연적으로 붕괴의 길을 갈 것이라면서, 이 때 공산주의
사회를 실현하여 조선민족의 해방을 수행해야 한다고 했다. 그리고 구체
적인 방침을 1939년 4월 神田區 神保町 찻집에서 다음과 같이 정리했다.

> 1) '공산주의연구회'를 조직할 것.
> 2) 빨리 동지를 획득할 것.
> 3) 조직의 결성을 통해 이천우와 김수진이 공동책임을 질 것.

여기에 김용규는 동지들과 함께 참가했는데, 다음의 내용을 토론하고
현실투쟁에 참가했다.

---

7) 朴慶植 編, 「內地在住朝鮮人運動」, 『在日朝鮮人關係資料集成』(4-1), 404쪽.

1) 공산주의 이론의 연구 내지는 동지에 대한 계몽, 획득에 노력할 것.
2) 조선민족해방을 위해서는 필연적으로 공산주의사회의 실현이 필요하다.
3) 지나사변, 구주정세 등을 관찰하건데 일본제국주의의 붕괴는 필연적이기 때문에, 이 기회에 일거에 공산주의사회를 실현시키고, 이것으로 조선민족의 해방을 수행할 것.

이 사건으로 김용규는 일본 경시청에 1940년 1월 19일 검거되어 10월 14일 송국되었다.

2) 橫濱조선인학생민족·공산주의그룹

김용규는 국제정세를 파악하고, 이에 기초하여 조선민족해방을 달성할 수 있는 좋은 기회라고 전망하며, 1940년 10월부터 東京市 杉竝區 荻窪 3의 128 우유가게인 佐佐倉英治방에서 伊原園雄,[8] 신규식(申奎植),[9] 신형우(申澄雨),[10] 矢島湖連,[11] 村上得奎 등에게 다음의 내용을 얘기하고 동지로 획득했다.[12]

1) 공산주의 이론은 정당하고 세계자본주의 국가는 내부모순에 의해 필연적으로 붕괴의 운명에 처해 있고 장차 이에 대신해 공산주의사회가 실현될 것이다.
2) 지나사변은 점차 제2차 세계대전으로 확대, 발전하여 일본자본주의는 몰락에 이를 것이다. 우리 민족은 일본의 억압정책으로 인해 멸망의 운명에 처해 있지만 이때를 기해 억압으로부터 해방하

---

8) 다른 이름으로 目田이라고 함.
9) 다른 이름으로 高山이라고 함.
10) 다른 이름으로 岡山이라고 함.
11) 다른 이름으로 秋山이라고 함.
12) 1940년 10월경부터 1941년 9월까지의 기간에 12에서 15, 6회의 모임을 荻窪 3의 128 우유가게인 佐佐倉英治방에서 伊原園雄, 申奎植, 申澄雨, 矢島湖連과 가졌다. (『金容珪治安維持法違反事件訊問調書』, 神奈川縣特別高等課, 1942年, 3쪽.)

여 진정한 독립국가를 건설해야 할 것이다.13)

그런가 하면 김용규는 1940년 10월부터 1941년 12월까지 우유가게에 있는 자신의 방을 비롯해, 橫濱市中區霞ケ丘105 長谷川正治방 등에서 여러 차례의 회합을 갖고, 다음의 내용도 정리했다.

1) 일본주의는 이미 그 자신 모순해결책으로 동아공영권 확립 등의 미명 아래 지나사변이라는 침략행위를 일으켰는데, 이것이야말로 진정으로 인류의 적이다. 우리는 일본제국주의를 타도하여 조선의 독립을 도모해야 한다. 그리고 우리 조선민족은 물론 세계의 피억압 민족해방운동의 지도자가 되어야 한다. 이를 위해서는 유물변증법을 연구하고 이에 기초해 세계의 현상을 과학적으로 분석, 관찰하고 실천을 준비해야 할 것이다. 독·소전은 종국적으로 소련의 승리로 귀결되고 전세계 피억압 민족은 해방될 것이다.
2) 미일회담 결렬 후 개전은 필연으로, 이 때 일본경제는 후퇴하고 반드시 패전할 것이다. 이 기회에 일본의 식민지정책에 고통 당한 조선민족의 영원한 번영을 획득하기 위해서는 일본제국의 국체를 변혁하고 독립국가를 건설해야 한다.
3) 조선 문학은 조선민족 발전의 문화적 한 요소로, 이것의 폐지는 조선민족의 멸망을 초래할 것이기 때문에 절대 반대해야 한다. 조선 독립의 기초는 조선 농민의 문화수준의 향상과 민족의식을 고양하는데 있다.14)

또한 김용규는 신승양(申升兩)15)에게 자본론과 지나사회경제사 등을 교재로 하여 마르크스주의와 자본주의사회의 모순에 대해 교양하고, 조선대중을 계몽하여 문화수준을 고양시킬 것을 선동했다.16)

특히 1941년 일본제국주의에 의해 대동아침략전쟁이 발발하자, 김용

---

13)「內地在住朝鮮人運動」, 朴慶植 編, 『在日朝鮮人關係資料集成』(4-2), 829쪽.
14)「內地在住朝鮮人運動」, 朴慶植 編, 『在日朝鮮人關係資料集成』(4-2), 830쪽.
15) 다른 이름으로 靑山이라고 함.
16)「內地在住朝鮮人運動」, 朴慶植 編, 『在日朝鮮人關係資料集』(4-2), 830쪽.

규는 해방의 절호의 기회가 도래했다면서, 전 조선 민족이 일어서 독립을 완수하자고 주장했다. 같은 해 12월 10일 長谷川正治방에서 伊原園雄, 신규식, 신형우, 村上得奎와 모여 사회정세를 분석 비판하고, 신규식을 조선에 파견해 그로 하여금 농민층에 들어가 민족의식의 계몽과 조직의 확대를 도모하게 했다.[17]

　1941년 12월 13일 김용규는 신죽우(申竹雨), 신규식, 신형우, 矢島湖連, 伊原園雄, 村上得奎와 함께 검거되어, 다음해 5월 25일 송국되었다.[18]

4. 김용규의 혁명사상 형성과정

　김용규의 경우 공산주의와의 만남을 거론할 때는 일제가 보통 표현하듯이, 가문의 몰락이나 물질·정신적 고통보다는 독서와 조직 활동을 통해서라고 해야 할 것 같다.

　그의 공산주의사상은 공산주의 관련 도서를 읽게 된 것과 관련하여 설명할 수 있다. 김용규는 보성고등보통학교 4학년 2학기부터 공산주의 관련 도서를 읽었다고 하는데, 시기 별 내용을 보면 다음과 같다.

1) 초기 (1930년부터 1931년까지)

　이 시기에 본 주요한 문건들을 보면, 팜플렛으로『今の世の中』,『勞動者と農民』, 山川均의『資本主義のからくり』등이 있다. 김용규는 현 사회는 자본가계급과 노동자농민계급으로 대별할 수 있다고 전제하고, 자본가계급은 이윤을 획득하며 자본을 독점하는데 반하여 노동자·농민은 비참한 생활에 신음하고 있다는 것이다.

---

17)「內地在住朝鮮人運動」, 朴慶植 編,『在日朝鮮人關係資料集成』(4-2), 831쪽.
18)『特高月報』(昭和17年 6月), 829쪽.

또한 일본소설 『敵の娘』을 읽고, 자본가의 생활상을 알게 되어 분개했다. 그리고 러시아의 소설 『父と子』, 『罪と罰』를 읽고, 제정러시아의 사회제도에도 주목하게 되었다. 또한 월간잡지 『戰旗』를 6개월 동안 구독하여, 자본주의국가 일본에 있어 노동자 · 농민이 착취, 학대당하는 상황을 인지하게 되었다. 여기에서 탈출하는 길은 프롤레타리아계급의 단결 이외에는 없다고 생각하게 되었다.

2) 중기 (1935년 11월부터 1939년 8월까지)

김용규는 보성고등보통학교에서 퇴학 당한 이후 고향에서 농사를 짓다가 만주에 갔다. 이때 그는 병으로 인해 독서를 중단했다.

김용규는 일본에 도일한 이후 고학을 하면서 다시 책과 접하게 되었는데, 이 때 읽었던 책을 보면 河上肇의 『第二貧乏物語』, 꼼아카데미 편, 『無産者政治敎程』(第1部), 엥겔스의 『私有財産と家族の起源』, 『賃勞動と資本』 등이었다. 김용규는 자본주의의 구조를 파악하여, 자본주의사회에서 자본가는 상품을 생산하고 판매하며 대량의 이윤을 획득하는 것이 가능하다는 사실을 인식하게 되었다. 특히 자본가는 싼 가격으로 상품을 생산하고 판매를 도모한다면서, 이를 위해 자본가는 노동자의 임금을 저렴하게 하고, 노동시간을 연장하여 자기의 이익을 추구하는 사실을 알았다.

이와 함께 그는 자본가는 이윤추구와 상품판로 확대를 위해 경쟁을 가열차게 수행하고, 금융자본가는 카르텔, 트러스트, 신디케이트의 형태로 독점체를 형성하며, 판로확대를 위해 식민지 획득전쟁을 일으켰다는 것이다. 그리고 국내에서는 자신의 이익 획득을 옹호하는 사회제도, 법률, 교육정책을 수립함을 인식했다.

3) 후기 (1939년 9월부터 검거 때까지)

이 시기 김용규가 읽었던 서적은 꼼아카데미 편, 『無産者政治敎程』(第

2部),『唯物史觀的世界歷史敎程』, 河上肇,『第二貧乏物語』,『經濟學大綱』, 미친의『辨證法的唯物論』, 大森義土郎의『辨證法的唯物論讀本』, 相川春喜의『歷史科學の方法』위트포겔의『市民社會史』,『支那社會の科學的基礎』등과 백남운의『조선사회경제사』, 이청원의『조선역사독본』, 웨일즈의『세계문화사개론』등이었다.

특히 이 때는 공산주의와 관련된 서적뿐만 아니라, 조선역사에 관한 책자도 읽었다.

그는 서적과 신문 보도를 통해 일본공산당과 조선공산당의 활동을 알게 되었고, 공산주의자들의 사회모순의 해결을 위한 활동에 공감하게 되었다.

5. 김용규의 공산주의이론

1) 마르크스주의 일반에 대한 인식

김용규에게서 주목되는 것은 '왜 도일했는가'이다. 김용규의 경우 조서를 보면, 조선민족의 독립과 피압박 민족의 해방운동에서 지도자가 될 것을 결심하고 도일했다. 이와 함께 일본 국내의 정세도 동시에 연구했다. 도일의 시점은 1934년 10월이었다.

1940년 1월 東京 荻窪경찰서에 검거되어 9월에 석방될 때까지 김용규는 새로운 경험을 하게 되는데, 여기에서 경찰관이 자본가계급의 옹호자로 또한 조선 출신자에게 가혹하게 학대함을 체험하고 현실에 대해 직시하게 되었다. 국가를 비롯한 상부구조가 자본가의 뜻에 따라 운영되고 있는 것을 알게 되었다. 그리고 자연스럽게 유물변증법과 유물사관,『자본론』의 내용에 주목했다.

먼저 유물변증법에 대한 그의 인식의 수준을 진술의 내용을 통해 확인하면 다음과 같다.

"유물변증법은 유물론과 변증법이 결합된 철학관이다. 유물론은 物을 본래적인 것으로 하고 있다. 변증법은 논리학으로 세계관이다. 만물은 모두 운동하고 변화하며 발전한다는 전제를 내걸고, 헤겔은 운동을 지배하는 것은 이성이라고 하고 있다. 사물 발전의 방식은 正反合의 과정을 통하는데 관념을 正이라고 한다면 이것에 대해 反은 부정이며 正이 긍정이라면 反은 부정이다. 이 正과 反이 통일되어 合이되며 이것이 영구히 진화·발전한다. 이 발전은 항시적으로 質에 관한 변화로 量의 변화가 어느 정도에 이르면 質의 변화를 초래한다. 이 量으로부터 質로의 변화를 사회의 발전에 적용하면 혁명이론이된다. 즉 자본주의제도 아래에서는 무릇 자체에 있어서 모순이 발생하고 필연적으로 공산주의제도로 전화하는데 자본주의에서 공산주의로의 변화는 급속히 일어난다고 말할 수 있다. 이 진화·발전의 원동력이 물 자체에 있다고 한 것이 마르크스로, 구체적이고 현실적인 그이론의 날카로움은 경탄할 만하며 千古不滅의 진리라고 생각한다." 이하의 인용문은 앞의 조서이다. (39-40쪽)

아울러 유물사관에 대한 인식은 다음과 같다.

"(유물사관은) 마르크스가 유물변증법을 사회, 경제현상에 적용한 사회관·역사관이다. 마르크스는 생산사정의 총화가 사회라고 칭하고 이 생산사정의 총화가 사회의 경제적인 구조로 법률, 정치의 상부구조를 조성하는 현실적인 기초이다. 생산사정은 여러 가지 관계에 의해 변하는데 상부구조인 법률제도, 사회조직은 고정적인 것으로 항상 진화하고 멈추지 않는 생산사정과 동일보조를 취하지 않으며, 이 때 내부에 모순이 일어나 필연적으로 다른 새로운 사회가 성립한다고 한다. 인류사회 발전의 과정을 원시, 농노, 봉건 등의 사회로 분석하고 봉건시대로부터 자본주의로 발전하고 현재의 자본주의사회는 붕괴하여 새로운 공산주의의 사회가 성립할 것이라고 하는데, 어떤 모순도 없는 과학적인 설명을 하고 있다."(40쪽)

여기에서 보면 김용규는 역사발전 5단계설을 잘못 설명하고 있으나,

유물사관의 기본적인 틀은 분명히 인식하고 있었던 것 같다.

　김용규의 공산주의 인식에 대해 파악할 때 주목할 것이 『자본론』에 대한 그의 인식수준이다. 김용규는 마르크스의 자본론은 유물변증법에 의해 인류사회의 경제활동을 이론적으로 설명한 것이라면서, 자본주의 경제의 분석에 있어 과학적인 이론이라고 했다. 구체적인 언급 내용을 보면 다음과 같다.

> "마르크스에 의해 노동가치와 잉여가치의 양설이 주장되어 현재의 자본주의 경제기구의 모순이 유감없이 폭로되고 있다. 노동가치설은 物의 생산에 있어 노동력을 더해서 가치가 발생한다고 하는 것으로 교환가치는 노동력의 총합으로 測하는 것이 가능하다고 말하고 있다. 노동력을 더하지 않는 것은 무가치라고 말할 수 있다. 잉여가치는 物을 생산하는 경우에는 반드시 여기에 노동력이 더해지고 이 노동력은 노동자에 의해 물품에 더해진 가치이다. 자본가는 노동자의 전노동력에 상당하는 임금을 지불해야 함에도 불구하고 노동력에 상당하는 이하의 임금을 지불하고 있다. 이렇게 하여 자본가는 착취를 하고 있다. 이 착취하는 부분이 잉여가치이다. 이 잉여가치에 의해 자본가는 대자본을 형성하고 점점 발전을 도모하고 있는데, 이러한 내용에 대해 위대한 분석을 한 사람이 마르크스이다."(40-41쪽)

　그러면 김용규가 가지고 있던 공산주의사회론은 과연 어떤 것이었을까. 그리고 그는 실현의 방법을 어떻게 설정했을까.

　그가 생각한 공산주의사회는 무계급, 무착취의 사회였다.

> "현재의 사회는 자본주의제도로 부르주아자본가는 권력을 장악하여 프롤레타리아계급에 대해 지배(권)를 행사하고 있다. 자본가는 특권계급 천황을 옹립하여 정치적인 지주로 삼고 노동자에 강권으로 군림하고 있기 때문에 자본가가 노동자를 驅使하여 자기의 이익을 도모하고 사유재산을 축적하고 있다. 이것이 용납되지 않으며 누구나 자유·평등하고 평화로운 이상적인 사회가 공산주의사회이다."(41쪽)

이러한 공산사회의 실현의 방법은 폭력수단에 의한 혁명이라고 했다. 그리고 혁명 이후의 사회를 다음과 같이 구상했다.

> "폭력혁명을 실현하면 조속히 프롤레타리아 독재정부를 수립한다. 하루아침에 자본가, 부르주아를 타도하면 잔존 부르주아정권은 반드시 부활활동을 일으키기 때문에 반혁명운동 박멸과 자본주의제도의 잔무정리의 두 가지 임무를 위해 이 정부를 수립하게 되었다. 때문에 완전히 자본주의제도가 청산되면 이후에 이상적인 공산주의사회로 진입한다."(42-43쪽)

2) 코민테른과 반파쇼인민전선운동에 대한 인식

김용규의 경우 코민테른의 역할과 기능에 대해 다른 어떤 활동가 보다 분명하게 인식하고 있었다. 조서에 나오는 내용을 옮겨 보면 다음과 같다.

> "1) 코민테른은 국제공산당으로 제3인터내셔널이라고도 한다. 본부는 소비에트러시아에 있고 세계자본주의국가의 적화를 기도하며 각국 공산당을 지도, 원조하는 국제정치조직이다.
> 2) 목적과 임무는 공산주의사회 건설이다.
> 3) 수단은 폭력혁명이다.
> 4) 코민테른은 세계자본주의국가를 폭력혁명으로 변혁하고 프롤레타리아독재의 과정을 거쳐 공산주의사회 건설을 목적과 임무로 하며 각국 공산당에 지령을 발하는 국제정치조직이다."(50-51쪽)

아울러 반파쇼인민전선운동에 대한 김용규의 생각을 보면, 그는 파시즘을 자본주의의 위기를 극복하고 연명하는데 목적이 있는 자본주의 정치체제라고 규정했다. 그리고 인민전선은 파쇼진영의 결성에 반대하는 '국민전선'으로, 모든 반파쇼세력이 결합해야 하는 공산주의진영의 전술이라고 했다.

그는 공산당의 경우 이데올로기가 다른 단체를 용인하지 않았던 것과 달리 인민전선운동에서는 시대의 변화에 따라 사회당과 반파쇼세력을 매개로 하여 결합되었다고 평가했다. 그리고 코민테른은 반파쇼투쟁과 제국주의전쟁 반대를 당면의 임무로 하여 합법적인 공간을 이용하는 운동을 전개했다는 것이다.

특히 일본공산당의 경우 세계적인 인민전선운동의 영향을 받아 加藤勘十이 코민테른의 지령에 따라 전선통일을 도모하는 인민전선운동이 지속되었다고 했다. 아울러 국제공산당의 한 지부로 일본공산당을 생각한 김용규는 일본공산당의 목적과 임무를 다음과 같이 생각했다.

> "일본공산당은 코민테른의 일본지부로 세계혁명의 일환으로 폭력혁
> 명의 수단에 의해 일본의 국체를 변혁하여 사유재산제도를 부인하며,
> 프롤레타리아독재의 정부를 수립하고 이후에 공산주의사회를 실현하
> 는 것을 목적과 임무로 하는 비밀정치결사이다."(52쪽)

그리고 일본공산당은 코민테른의 일부로 일본의 정치정세에 조응하여 코민테른으로부터 지도와 원조를 받고 있다는 것이다.

이와 함께 그는 당사에 대한 자세한 내용을 알지는 못하고 있지만 당대의 주요한 일본공산당의 인물로 鍋山貞親, 三田村四郎, 佐野學, 高橋貞樹, 渡邊政之輔, 山川均, 河上肇 등을 들었다. 그리고 1928년의 3·15사건과 4·16사건으로 황금시대가 끝났다고 한다.

그럼에도 불구하고 이후에도 재건운동이 계속적으로 전개되고 있다면서, 다음과 같은 슬로건을 제기했다.

> "1) 프롤레타리아 독재
> 2) 식민지의 해방
> 3) 천황제 특권계급의 폐지
> 4) 사유재산의 몰수
> 5) 제국주의전쟁 절대 반대"(53쪽)

6. 김용규의 조선혁명론

이상과 같은 공산주의론을 갖고 있던 김용규의 조선혁명에 대한 틀은 어떤 것이었을까. 그의 정세론과 조선혁명론을 확인해 보자.

1) 정세론

김용규는 제2차 세계대전의 발발은 필연적이고, 일본은 내우외환으로 붕괴할 것이라고 했다. 그는 일본자본주의는 德川幕府의 쇄국정책에 의해 구미선진국 보다 발전이 늦었다고 전제하고, 구미문화의 섭취, 자유민권사상의 유입에 의해 봉건막부 내부에 모순이 발생했으며, 그것은 명치유신의 단행으로 발전이 가능했다는 것이다. 특히 일본자본주의는 청일·러일전쟁을 통해 급속히 발전을 거듭했고, 제1차 세계대전은 황금시대였다고 한다. 그리고 일본은 제1차 세계대전 후 세계경제공황의 여파로 중소자본가와 지주들이 몰락하고 실업자가 발생하는 등 자본주의의 모순이 발생했고, 여기에서 일본 자본주의진영은 국내 모순의 해결을 위해 시장획득의 강도적인 약탈전쟁인 만주사변을 일으켰다는 것이다.

이상과 같은 상황에서 김용규는 국가주의운동으로 일본파시즘이 대두되었다고 보고, 종래의 폐악을 일소하는 근본적인 해결책을 도모했다고 한다. 그러나 실제운동은 무산계급에 탄압을 가하고 자본주의진영의 옹호만을 도모했다.

이와 함께 그는 만주사변 이후의 정세를 다음과 같이 서술했다.

> "만주사변은 만주국의 건설로 일정하게 성공했으나 자본가는 여기에 만족하지 않고 구미자본주의를 대륙으로부터 구축하기 위해 지나사변을 강행했다. 지나에 침략한 영미자본주의 구축전을 수행한 일본은 장개석 정부의 붕괴를 도모하며 전력을 다해서 항전했으나 뿌리깊은 저항과 자원의 빈약으로 망국의 가능성을 보이게 되었다. 이때

자본주의진영에서는 경제통제를 강행하고 대중의 생활을 희생시키면
서 제국주의전쟁을 계속했던 것이다. 장개석은 米·英·蘭·印·소의
강력한 원조로 일본에 대해 A.B.C.D.S. 포위진을 완성하고 장기전에
있어서의 승리를 목표로 했다."(62쪽)

　김용규의 경우 정세 인식에 있어 국제주의적인 시각을 견지했다. 그
는 세계 각국을 공산주의, 민주주의, 파시즘의 진영으로 구분하고, 공산
주의 진영에 소비에트러시아, 민주주의 진영에 영국, 미국 그리고 파시
즘 진영에 일본, 독일, 이탈리아를 넣었다. 이와 함께 그는 이들 국가 간
의 지속적인 견제와 제휴가 존재한다면서, 독·영, 독·소, 중·일 사이
의 제2차 세계대전이 일어날 가능성을 점치고 있다. 그는 독·이·일쪽
과 미·영을 축으로 하는 진영간의 싸움에서, 필연적으로 독·이·일이
패배할 것이라고 했다. 특히 일본은 국제적인 포위전에 봉쇄되어 경제적
으로 항전력을 잃게 될 것이라고 전망하고 있다.
　이러한 인식 아래 김용규는 조선 총독 정치에 대해 제국주의 국가가 자
행하는 식민통치의 한 유형으로 인식하고 있는데, 그 내용은 다음과 같다.

　　"조선총독정치는 일본자본주의의 정책이기 때문에 많은 모순을 내
　포하고 있는데 원래 총독정치라고 하는 것은 제국주의국가가 식민지
　에서 통치하는 정치의 형태로 자본가, 부르주아지의 이익에 기초한
　것이다. 일본제국이 조선을 통치하는 데 총독정치를 채용하여 표면적
　으로는 一視同仁을 표방하고 있으나 일본자본가의 투자장으로 혹은
　제국주의의 야망을 달성하기 위한 대륙정책, 기타의 군사거점으로 또
　는 일본인이 조선의 정치, 경제 등 모든 권력을 장악하여 자기의 발
　전, 번영을 도모하여 조선민족에 대해 전면적으로 압박정책으로 임하
　고 있는 것이다."(57-58쪽)

　이와 함께 조선 총독 정치는 조선의 전통문화에 대한 압박, 내지도항
제한, 지원병제도의 강제, 창씨개명, 관리채용제한 등을 통해 수행되고

있는데, 먼저 조선의 전통문화에 대한 압박에 대해 김용규의 생각은 다음과 같다.

"조선에 있어 교육정책은 민족의식의 絶滅, 문화, 역사의 일본화를 도모하고 朝鮮語使用禁止, 日本歷史重課 등으로 의식주 등의 조선 고래의 독특한 전통을 약탈하는데 노력한다."(58쪽)

이와 함께 김용규는 내지 도항 제한, 지원병제도 및 창씨개명, 관리채용 제한에 대해 다음과 같이 얘기했다.

"일시동인이라고 표방한 것과 같이 조선인을 일본인과 같은 권리를 갖고 있다고 인정한다면 거주이전의 자유가 있는데 내지도항에 있어서 엄중한 제한규정을 설정해 차별과 압박을 한다."(58-59쪽)
"세계적인 위기에 직면하여 일본제국의 식민지 확장정책에 기초해 점차 일본자본가에 봉사하는 兵員의 필요를 느끼고 조선민족에 대해서도 훌륭한 황국신민으로서의 권리를 부여한다는 미명 아래 지원을 강제하고 자기의 의욕을 만족시키기 위해 약탈전쟁을 驅使한다."(59쪽)
"南總督의 발안으로 선전하여 내지인과 같은 姓으로 고칠 것을 강제하고 있다. 姓까지도 일본화하여 조선의 유서깊은 전통을 박탈하고 있다."(59쪽)
"일본정책 아래에서는 조선인 관리의 진출을 거부하고 관리채용을 극도로 제한하며 채용해도 중요 「포스트」에 취임하지 못하게 한다. 또한 승진을 제한하는 등 사사건건 조선민족을 유형무형으로 압박하며 내지인은 우월감을 갖고 우리를 백안시하고 민족의 발전을 거부하고 있다."(59-60쪽)

김용규의 경우 조선 총독 정치 아래에서 조선 민족이 민족해방운동에 매진하는 것은 당연한 것으로 인식하고 있었다.

다음으로 일본 국내정세에 대한 인식의 내용을 보자. 이를 위해서는 먼저 그의 일본천황에 대한 인식의 내용을 확인하는 것이 순서이다. 그는 일본의 천황을 자본가의 완충기관이며, 정치적 지주로 인식하고, 천황제 타도가 자본가 타도의 첩경이라고 생각했다.

> "일본인은 천황을 위해 충성을 다하고 혈족적인 관념을 견지하며 천황이 곧 국가라는 신념 아래 뭉쳐 있다. 자본가, 부르주아지는 자신들의 지반을 옹호, 강화하기 위해 프롤레타리아 압박정책을 성공적으로 수행하고 있다. 일본공산당에서는 천황제도 폐지를 중요한 슬로건으로 내걸고 있는데 일본에 있어서는 천황을 타도하는 것이 자본가를 타도하는 첩경이다."(60쪽)

그런가 하면 4년여에 걸친 지나사변으로 경제적인 압박이 가중되어, 반전·반군사적 기운이 농후해져 일본 내에는 내란이 일어날 직전이라고 긍정적인 혁명적 정세론을 피력했다. 이러한 일본의 정세와 함께 국내의 정세에 대해서 다음과 같이 거론했다.

> "일본의 압박정책에 의해 반일적 기운이 대두하고 횡포가 극에 달한 일본에 대해 항시 복수의 생각을 불태우고 하루라도 빨리 이 羈絆으로부터의 탈피를 오랫동안 희망하며 장기전적인 전망 아래 이 기운은 고양되고 있다."(45쪽)

이와 함께 조선 민족은 역사적으로 일찍이 독립국가로 고도의 문화를 구가하며, 일본 보다 선진국으로 일본문화의 건설을 지도한 경험이 있는 우수한 민족임을 잊지 않았다.[19]

그리고 제2차 세계대전의 결과는 독·이·일은 미·영에 패배하고, 결국 일본 내에서 경제적 압박에 의해 내란이 일어나서 조선통치의 능력을 잃게 될 것이라 했다. 바로 이 때가 독립의 기회로, 이 때를 이용

---

19) 우수한 민족임을 입증하는 사례로 손기정의 올림픽 우승를 거론하면서 강인한 체력을 소지한 점과 민족문화 발전의 중요한 요소인 증식력이 높은 점 그리고 인내력이 강한 점을 들고 있다.(45쪽.)

하여 일본정부의 식민통치를 내외에 선전하고 적극 활동하고 있는 '한국임시정부'[20]와 긴밀한 협조체제를 구축하며, 소련의 원조를 얻으면서 조선 민중이 일제히 무력봉기를 일으키면 기필코 독립은 달성될 것이라고 했다.

2) 조선혁명을 위한 당면 임무

이상과 같은 정세 속에서 조선의 독립을 위해 과연 무엇을 할 것인가. 이 물음에 대해 김용규는 동지획득과 문화수준 및 민족의식 고양, 일본자본주의의 기만성을 폭로하고, 공산주의에 대한 선전을 생각했다.

첫째로 동지 획득에 대한 내용을 보면 다음과 같다.

> "우리의 당면임무는 내지재류 조선 출신자의 입장에서 내지재류 반도 출신의 동지획득이 중요하다고 생각한다. 조선 출신자는 내지에서 전면적으로 탄압을 받아 내지인으로부터 멸시되거나 백안시되어 반항심이 쌓여 있어 동향애가 강하며 민족의식은 자연스럽게 고양되어 있다. 이것을 이용하여 반일적 감정에 박차를 가하고 적절히 지도하여, 조선해방의 방향으로 동지를 결집한다."(63쪽)

다음으로 문화수준과 민족의식의 고양에 대해 얘기하고 있다.

> "문화수준 및 민족의식의 고양을 도모하는 것이 긴요하다. 동지는 장래에 있어 지도자가 되고 혁명의 중핵이 되는 인물이기 때문에 이들에 대해 격려하고 교육을 받게 하여 문화수준의 고양을 도모하고 일상에 있어서는 조선인의 지위에 관해 계몽하여 민족의식의 앙양을 도모한다."(63쪽)

그리고 일본자본주의의 기만성을 폭로하고 공산주의에 대해 계몽할

---

20) 김용규의 표현 그대로이다.

것을 역설하고 있는데, 그 내용은 다음과 같다.

"나는 조선독립을 통한 공산주의사회의 실현을 도모하고 있기 때문에 동지에게 일본자본주의정책의 기만성을 폭로하여 공산주의의 방향으로 지도하여 궁극적으로는 공산주의자를 양성하려고 한다. 나는 이것을 당면의 임무로 생각하고 착착 실행에 매진해 왔다."(63-64쪽)

이상과 같이 김용규는 궁극적으로는 공산사회의 실현을 목표로 했던 것이다.

그러면 그가 구상한 공산국가 건설의 계획은 무엇인가. 그는 소비에트 조선의 건설과 소비에트 일본의 실현을 거론하고 있다.

"일본이 세계대전에 패배하고 내란이 발발한 때를 이용하여 소비에트러시아의 원조에 의해 조선민중을 일제히 무력 봉기하게 하여 독립을 달성해서, 프롤레타리아트의 힘을 이용하여 조선자본가를 타도하고 소비에트조선을 건설하며 일본공산당과 서로 제휴해서, 패전이 임박한 일본자본가를 철저히 타도하여 소비에트 일본을 실현하는데 있다."(64쪽)

그는 분명히 일본혁명까지 상정하는 국제주의적인 시각을 가졌던 것이다.

3) 조선혁명21)의 의미와 방식

김용규의 경우 '조선독립운동사'에 대한 인식의 편린을 확인할 수 있다. 그는 조선의 독립을 필연적인 역사적 과정으로 이해하고 있었다. 그리고 조선의 독립을 위한 필사적인 투쟁을 국외의 경우, 대한민국임시정부, 국내의 경우 3·1운동에서 찾고 있다.

---

21) 본절에서는 조서의 용어를 살려 '조선독립'으로 조선혁명을 지칭한다.

'한국임시정부'라고 표현한 김용규의 임시정부에 대한 인식의 수준을 보면 다음과 같다.

> "한일합방에 반대하고 일본의 슬하에서 굴욕하는 것을 거부하며 진정한 韓을 생각하는 선견적인 지사들이 통령 金一成을 중심으로 망명했다. 최초 중국 상해에서 한국임시정부을 수립하고 조선의 독립을 목적으로 하여 과감히 투쟁했는데, 이들 지사는 현재는 중경정부가 되어 미·영·소 등의 원조를 얻고 일본·조선·만주에 조직원을 잠입시켜 정치, 문화, 경제기구에 대한 파괴활동 등을 하고 관리들에 대한 테러행동을 하며 군사기구에 관한 첩보활동을 하는 등 각각의 임무에 따라 독립을 위해 악전고투를 계속하고 있다."(56쪽)

물론 여기에서 통령을 김일성으로 거론하고 있는데, 이것은 전술적인 차원의 진술이었을지도 모른다. 대한민국임시정부를 국외의 독립운동사의 중심으로 생각한 김용규는 1932년 상해 홍구공원에서의 윤봉길의 의거를 중요한 사건으로 거론했다.

또한 김용규는 국내에서의 독립운동을 거론하며 조국애, 민족애가 고양된 사건으로 3·1운동을 들고 있다.

> "1919년 3월 1일을 기해 진행되었던 독립만세사건이 있다. 이것은 李太王殿下 홍거 후 경성에서부터 일어나 학생, 민중은 한국독립만세를 절규하고 시위운동을 전개했다. 조선전도에 파급되어 군대가 출동하여 반년, 일년 이후 점차 진정되었다고 한다. 대사건으로 조선민중은 일본식으로 되어버린 일부를 제외하고 한국의 독립을 갈망하고 신명을 다해 투쟁할 결의를 하게 되었다."(57쪽)

그런가 하면 스스로를 일본공산당과 조선공산당의 '원조자'라고 생각한 김용규는 조선공산당에 대해 다음과 같이 인식했다. 그 내용을 옮겨보면 아래와 같다.

"1) 조선공산당은 조선의 실정에 조응한 운동방침을 채택하는 공산당으로 세계혁명의 일환으로 그 목적과 임무를 수행함은 물론이다.

2) 목적, 임무와 함께 성격은 조선의 독립과 함께 조선에 공산주의 사회를 실현하는 데 있어 비밀 정치결사이다.

3) 기타 일본공산당과 같은 모습이라고 생각하고 있다.

4) 조선공산당의 약사 등을 완전히 알 수 없지만 제1차 고려공산당, 제2차 고려공산당 사건이 있었고, 1929 · 30년경에 제3차 고려공산당이 검거되었다는 보도가 있었다. 그 후에도 재삼의 검거가 있었던 것 같다. 코민테른의 한 지부로 일본공산당과 서로 제휴하고 시국의 중압에 拮抗하면서 건재하며 암투 중이라고 생각한다."(53-54쪽)

그의 조선공산당에 대한 인식의 수준은 상대적으로 낮다고 할 수 있다.

이상과 같은 생각을 갖고 있던 김용규에게 조선의 독립은 한일합방 이전의 「韓」의 상태로의 복구를 의미하는 것이었다. 그는 조선인의 경우 조국이 없기 때문에 피압박 민족으로 차별 대우를 받고 비참한 상태에 처해 있다면서, 따라서 민족자결주의 아래에서 민족의 발전을 위해 일본 제국주의의 간섭으로부터의 배격과 독자적인 국가를 건설하는 것이 당연하다고 생각했다.

이와 함께 조선독립의 방법으로는 무력봉기를 주장했다. 그 내용을 보면 다음과 같다.

"在鮮內鮮人 모두 무력봉기하여 폭력적인 수단으로 일본 내외의 정치적, 군사적, 경제적인 모든 기구를 파괴하여 일본으로부터 벗어날 수 있다."(43쪽)

그리고 김용규는 공산주의를 신봉하는 사람으로, 소비에트 러시아로부터의 무력 원조를 당연시했다.

7. 맺음말

이상과 같이 김용규의 생애와 그의 혁명론에 대해 살펴보았다. 그 내용을 다시 한번 정리해 보면 다음과 같다.

지금까지 거의 밝혀져 있지 않은 1930년대 말 40년대 초의 재일조선인 민족해방운동 가운데, 괄목할 만한 성과를 거두지는 못했지만, 유학생 내부에 있어 마르크스주의적 시각에 선 몇 안 되는 활동가로 투쟁했던 김용규는 다른 어떤 유형의 운동가 보다 민족의 독립과 계급해방에 철저했던 것 같다.

그는 보성고등보통학교를 다니면서 『勞動者と農民』, 『今の世の中』, 『資本主義のからくり』 등을 읽고, 공산주의에 탐닉했으며, 학내 시위에 적극 동조했다. 이러한 경험은 이후 그의 삶의 행로에서 그 이정표가 된 것 같다. 김용규는 이후 혁명가의 길에 들어서게 되었다.

1934년 10월 도일하여 고학을 하면서 본격적으로 민족해방운동에 복무하게 된 김용규는 분명히 해방운동가가 되기로 결심했다. 따라서 그가 전위운동에 복무하게 된 것은 당연했다.

김용규는 일본에서 이론 학습과 함께 조직에 관계하며, 사상의 발전과 민족해방운동에 복무했다. 공산주의연구회에서는 공산사회가 실현되면, 조선의 해방이 가능하다고 확신하게 된 것 같다. 특히 橫濱조선인학생민족·공산주의그룹을 주도하고, 일본자본주의의 몰락을 예견하면서 일본의 억압정책에서 벗어나 진정한 독립국가 건설의 길로 이행할 수 있다고 확신했다. 그리고 대중계몽과 선전, 선동에 적극적이었다.

특히 김용규는 공산주의 관련 도서를 읽고, 공산주의에 대한 이론적 토대를 다졌다. 『第二貧乏物語』, 『經濟學大綱』, 『無産者政治教程』(第1部)(第2部), 『唯物史觀的世界歷史教程』, 『私有財産と家族の起源』, 『賃勞動と資本』, 『資本論讀本』, 『辨證法的唯物論』, 『辨證法的唯物論讀本』, 『歷史科學の方法』, 『市民社會史』, 『支那社會の科學的基礎』, 『조선사회경제사』,

『조선역사독본』, 『세계문화사개론』 등을 탐독했다. 여기에 기초해 공산주의 혁명론과 조선혁명에 대해 인식하게 되었고, 나아가 조직원을 교양했다.

이렇게 김용규는 조선의 독립과 피압박 민족의 해방운동에 있어 지도자가 되기 위해 도일하여, 여기에 걸맞게 유물변증법, 유물사관 그리고 자본론 일반에 대해 숙지하게 되었다.

그는 유물변증법은 유물론과 변증법의 철학적 결합이라고 하고, 헤겔을 극복한 마르크스주의의 논리에 대해 명확히 인식했다. 이에 기초해 유물사관은 마르크스가 유물변증법을 사회·경제현상의 해석에 적용한 역사관이라고 했다. 그는 상부구조와 하부구조의 모순이 필연적으로 새로운 사회를 잉태한다면서 공산주의 사회의 성립을 과학적으로 설명했다.

김용규는 마르크스의 자본론을 유물변증법에 의해 인류사회의 경제활동을 이론적으로 설명한 것으로 자본주의 경제의 분석에 있어 날카로운 과학적인 이론이라면서, '노동가치'와 '잉여가치'에 의해 자본주의의 구조적인 모순이 밝혀졌다고 했다. 이러한 인식에 기초해 그가 생각한 공산주의사회는 무계급, 무착취의 사회로 프롤레타리아계급이 주인이 되는 사회였다. 모두가 자유롭고 평등한 사회라고 생각했다. 그리고 이러한 공산사회의 실현의 방법을 폭력수단이라고 단정했다.

이상과 같이 김용규는 공산주의에 대해 상당히 자세히 이해하고 있었다. 그의 공산사회의 실현의 방식에 대한 단정적 표현에는 문제가 있다. 김용규의 경우 공산주의사회의 실현에 있어 폭력적인 방법이 요구되는지에 대한 내용적 이해가 있었겠지만, 이러한 내용을 조서에서는 확인할 수 없다.

구체적으로 그의 혁명론을 거론할 때는, 먼저 정세에 대한 인식에서부터 시작하는 것이 순서일 것이다. 김용규가 생각한 정세론의 핵심 테마는 제2차 세계대전의 발발과 일본의 패전이었다. 김용규는 일본이 경제봉쇄로 인해 내각이 개폐되고, 외교적인 교섭이 실패로 귀결되면서 민심이 반전반군사적으로 나아가, 불만이 폭발할 직전이라고 전제하고, 이러한 상황에서 제2차 세계대전의 발발은 필연이고, 전쟁의 결과는 일본의 패망이며, 종국적으로 조선의 독립이 가능하다고 했다.

이와 함께 조선총독부는 조선의 전통문화에 대한 압박, 내지 도항 제한, 지원병제도의 강제, 창씨개명, 관리채용 제한 등을 자행하고 있다면서, 이러한 제국주의적 억압에 저항하고 독립의 길을 찾아가는 것은 당연하다고 했다.

그는 제2차 세계대전의 결과는 독일과 이탈리아, 일본이 미국과 영국에 패배하고, 결국 일본 내에서는 경제적 압박에 의해 내란이 일어나서, 일본이 조선통치의 능력을 잃게 될 것이라고 했다. 바로 이 때가 독립의 절호의 기회로, 이 기회를 이용하여 일본정부의 식민통치를 내외에 선전하고, 적극 활동하고 있는 '한국임시정부'와 협조체제를 구축하며, 소련의 원조로 일제히 무력봉기를 일으킬 것을 사고했다. 그리고 그 과정에서는 우선 동지의 획득과 문화수준 및 민족의식 고양, 일본자본주의의 기만성을 폭로하고 공산주의에 대한 계몽을 생각했다.

김용규가 실제로 생각한 독립국가 조선의 상은 '소비에트 조선'이었다. 그리고 일본의 소비에트화를 적극 사고했다. 이러한 모습은 국제주의를 철저히 관철한 모습이라고 할 수 있다.

이상과 같은 그의 조선혁명론에 대한 논의와 함께 주목되는 대목은 '조선독립운동사'와 조선공산당에 대한 인식, 일본천황제도에 대한 생각이다.

김용규는 조선의 독립을 역사에 있어 필연적인 과정으로 이해하고, 국내외 독립운동에 있어 중심적인 내용을 국내의 경우 3·1운동, 국외의 경우 대한민국임시정부에서 찾았다. 특히 '한국임시정부'라고 표현한 대한민국임시정부에 대해 선진적 지사들의 조직체로 상정하고, 외교적인 활동과 군사활동, 테러활동에 대해 긍정적으로 사고했다. 이와 함께 3·1운동을 통해 조선 민중의 투쟁 결의가 보다 다져졌다면서 아울러 민족사적 의의를 높게 평가했다.

또한 김용규 자신은 조선공산당의 '원조자'라고 생각하며, 조선공산당이 공산사회 실현을 위한 비밀결사임을 명확히 인식하고, 이와 함께 코민테른의 한 지부로, 일본공산당과 같은 틀로 이해했다. 그리고 재건운동에 대해서도 일정하게 인지하고 있었던 것으로 보인다.

아울러 김용규는 일본의 소비에트화를 사고하면서, 일본사회에 있어 천황을 자본가의 완충기관 나아가 정치적 지주로 인식하고, 일본혁명에 있어서는 천황제 타도가 자본가 타도의 첩경이라고 생각했다. 물론 이러한 인식에는 일본국민의 천황에 대한 맹종적 충성이 존재함을 우선적으로 사고한 뒤이다.

1920년대 후반 재일제주인의 민족해방운동

1. 머리말

기존의 선행연구에서 밝혀졌듯이, 제주도 사람들은 1923년 12월 15일 제주-大阪 사이의 직항로가 개설된 이후 대거 대판지역으로 진출했다. 오늘날에도 그 전통은 그대로 이어져 猪飼野지역의 집단 거주지로 남아 있다.[1]

식민지시대 재일조선인은 일본이라는 지역적 특수성에 기초하여 민족해방운동을 전개했다. 이들 재일조선인은 다양한 사고와 존재형태를 띠고 있었으며, 이에 따라 다기한 반일투쟁을 전개했다. 이 재일조선인사에서 제주 출신을 별도로 거론함은 당연하다. 왜냐하면 다수의 거주와 투쟁력 때문이다. 특히 그들은 대판이라고 하는 한 지역에서 절대 다수를 차지함과 동시에 민족의식에 기초한 반일투쟁에 있어 선봉적인 역할을 수행했다.

왜 그들은 도일했고, 반일투쟁을 전개했을까. 지금까지는 재일제주인의 민족해방운동에 대해서는 그리 많은 연구가 있었다고 할 수 없다.[2] 그러나 도일자의 수와 주요 거주지, 대표적인 인물들에 대해서는

---

1) 元秀一, 『猪飼野物語』, 草風館, 1978, 참조.
2) 주요 관련 글은 다음과 같다. 조맹수, 「재일동포」, 『제주도지』(2권), 제주도, 1993., 김창후, 「재일 제주인의 항일운동」, 『광복50주년기념 제주지방독립운동사 학술회의』 (발표문), 제주도사연구회, 1995. 10,김창후, 「재일제주인과 동아통항운동」, 『제주도사연구』(4), 1995. 12, 김창후, 「재일제주인들의 항일운동」, 『제주항일독립운동사』, 제주

대체로 언급되고 있다.

필자는 기존의 재일조선인사에 대한 연구와 재일제주인의 운동에 대한 연구에 기초하여, 단체운동이 가장 활발했던 때인 1920년대 재일제주인의 모습을 그려보고자 한다. 이것은 집단 이주가 본격화된 초기 제주인의 한 모습을 보기 위한 시도이다. 재일제주인[3]은 그 어떤 지역 출신보다 동향의식이 강했고, 그것은 집단거주로 나타났다. 본고는 여기에 주목하면서 1920년대 후반 대판지역에서의 그들의 모습을 반일투쟁 단체와 인물을 통해 정리해 보겠다.[4]

2. 1920년대 후반 재일조선인 민족해방운동

1) 1920년대 후반 재일조선인의 존재형태

일제시대 재일조선인의 대다수는 京都, 大阪, 神戶 등지에 거주했다. 이 지역에 재일조선인이 많이 거주한 원인은 조선에서 가까운 최대의

도, 1996, 김창후, 「일제하 재일 제주인의 운동, 민족운동으로 볼 수 있는가?」, 『제주 역사의 쟁점』(제1기 금요 역사 교실), 제주4·3연구소, 1996.

3) 『제주항일독립운동사』에서 확인 가능한 일본지역 재일 제주인 활동가는 다음과 같이 정리할 수 있다. 홍양명, 한상호, 김성돈, 김경득, 고창옥, 김문옥, 강주호, 김광배, 부덕환, 부장환, 김문준, 이신형, 한진섭, 송성철, 강문석, 현호경, 현호진, 현상호, 양기형, 홍원표, 현상호, 이영복, 김경숙, 정문봉, 고진호, 문창욱, 고일경, 조몽구, 김서호, 임길봉, 김희봉, 김은환, 김병옥, 김갑환, 김태연, 김귀영, 김태권, 송정권, 강원범, 강계화, 강성도, 강성흡, 한봉삼, 강근생, 강상호, 오평윤, 유신출, 한문택, 김만선, 김재림, 고준석, 전인택, 변시민, 이봉춘, 김주삼, 김성종, 고갑평, 변시문, 김봉각, 강금종, 한민숙, 고봉조, 김병목, 부림전, 송호련, 강시검, 양세민, 부동홍, 고영호, 김광가, 오유봉, 김창옥, 고담룡, 고운하, 김상훈, 강성준, 박남호, 송태옥, 고두평, 김택수, 안치현, 현순창, 강태선, 문양이, 강평국, 김시숙, 고수선, 현호옥 등이다.

4) 별도의 주가 없으면 다음의 글을 참조했다. 김인덕, 『식민지시대 재일조선인운동 연구』, 국학자료원, 1996. ; 梁永厚, 『戰後·大阪 朝鮮人運動 1945-1965』, 未來社, 1994. ; 高鮮徽, 『在日濟州島出身者の生活過程-關東地方を中心に-』, 新幹社, 1995. ; 趙孟洙, 『在日濟州人-고난과 극복의 歷程 「거류1世紀」-』, 제민일보사, 1993.

상공업 중심지로 노동력의 수요가 많았기 때문이었다. 1920년대 중반이 되면 대판, 동경 중심으로 인구 집중현상이 보인다. 대판과 동경지역은 일본 경제의 중심지역으로 노동시장의 요구가 일본 내에서 가장 높았던 곳이다. 도일한 조선인이 이 두 지역으로 몰리게 되는 것은 자연스러운 현상이었다.

1920년대 재일조선인은 일본인이 싫어하는 토목, 광업, 운수업 부문에 주로 종사했다. 조선인 노동자들은 직공과 광부, 토건인부가 되었다. 1926년에 완성된 阪神國道 보수공사에는 연인원 백 수십 만 명이 동원되었으며, 그 중 1/3은 조선인이었다. 특히 실업구제사업이 실시됨에 따라 도시에 집중되어 있던 재일조선인 노동자가 지방의 토목공사장으로 이동하여 노동했다.[5] 1930년의 경우 불황과 재일조선인의 수적 증가 1920년에 비해 상대적으로 복잡해졌으나, 취로 중심은 거의 실업에 가까운 토목, 건축분야였다. 이와 함께 조선인 노동자들이 건강하다는 미명 아래 광산에서도 가장 힘들고 어려운 채탄작업에 집중 배치되었다.

불경기가 심화되는 1928・29년 때 조선인 실업자의 비중이 높아지는데, 이는 실업구제사업에서 조선인 노동자의 비중이 높아지는 것으로 확인된다. 1930년의 경우 실업구제 토목사업에 동원되는 일용노동자의 절반 이상이 조선인이었고, 지역적으로는 大阪을 비롯한 5대 도시에 집중되었다.

대체로 조선인 마을이 조성되기 시작한 것은 이주자가 급속히 늘어난 1920년 전후인 것 같다. 조선인 마을은 조선인에 의한 自衛의 장소로 성립 경위는 다음과 같다. 1) 飯場, 회사의 사택에 거주하기 시작하여 이곳을 거점으로 조성된 경우, 2) 토지 소유자가 명확하지 않은 저지대, 습지대, 하천부지 등에 자력으로 임시가건물을 지으면서 조성된 경우, 3) 일본인이 주거하지 않는 집에 거주하면서 형성된 경우, 4) 아파트, 연립주

---

5) 『치안상황』(1933), 202쪽, 참조.

택 등을 빌어 집단으로 거주하면서 형성된 경우 등이었다.

재일조선인은 위험하고 불결하며, 굴욕적인 노동부문에서 일본인보다 낮은 임금으로 취업하여, 임시적으로 노동하는 것이 보통이었다. 그들은 일본 노동시장의 최하층에서 일본인 노동자가 기피하는 노동을 고통스럽게 수행했다.

조선인 노동자는 이민 현상이 야기하는 보편적인 내용, 즉 이민이 가능한 국가의 경제적 요구에 기초해 도일했다.[6] 1920년대 전반에 형성된 재일조선인 노동자계급은 일본자본주의의 요구에 따라, 조선인의 노동이민이 본격화되면서 양적인 증가를 보이다가, 노동자계급으로서의 계급적 자각과 전국적 조직을 갖고 재일조선인 민족해방운동의 구심이 되었다. 재일조선인에게는 굶주림과 민족적 멸시만이 존재했고, 투쟁과 굴종 가운데 하나를 선택해야 하는 입장이었다. 따라서 재일조선인은 출신 성분을 불문하고 반일투쟁을 위해 일어섰던 것이다.

2) 1920년대 후반 재일조선인 운동의 성격

재일조선인 운동사에서 1925·26년은 조직의 발전과 함께 전 일본으로 운동이 확대·발전했던 시기이다. 이 시기에는 다양한 형태의 재일조선인 운동 조직이 병존하면서 투쟁이 진행되었다.[7]

재일본조선노동총동맹, 동경조선무산청년동맹회, 학우회, 신흥과학연구회, 일월회 등은 조직적으로 긴밀한 관계를 갖고, 연대 투쟁을 계속 했다. 일월회의 구성원은 노동, 청년, 학생 조직에서 성장기의 재일조선인 민족해방운동을 주도했다. 1925·26년의 재일조선인 민족해방운동은 대중단체의 연대에 기초하여 연설회와 대중집회를 통해 투쟁을 전개했다. 주로

---

6) 도일에 대한 최근의 성과로 다음의 글 참조. 金廣烈, 「戰間期日本における定住朝鮮人の形成過程」, 一橋大學校博士學位論文, 1997.

7) 자세한 내용은 필자의 책 참조할 것.

강연회, 연구회, 운동회, 웅변대회, 환영회, 환송회, 축하회 등을 통해 대중교양과 계몽활동을 전개하여, 반일 투쟁사상을 선전·선동했다.

계기 투쟁으로는 3·1운동 기념투쟁, 메이데이 투쟁, 관동진재 조선인 학살 추도회, 국치일투쟁, 小樽高等商業學校 군사교육사건 반대운동 등이 있었다. 이상과 같은 일상적인 투쟁과 함께 1926년에는 三重懸 학살사건 반대투쟁이 있었다. 이 투쟁은 재일본조선노동총동맹, 일월회, 삼월회, 조선무산청년회 등 재일조선인 운동조직 사이의 연대에 기초하여, 조·일 연대를 실현했던 것이다.

재일조선인 민족해방운동사에서 1927년은 조선공산당 3차당 일본부의 활동이 본격화된 때로, 일본부 중심으로 대중단체의 조직과 확대가 진행되었고, 이에 기초해 이전보다 투쟁이 풍부해졌다.

일본이라는 지역적 특수성에 따라, 재일조선인 민족해방운동 조직, 특히 조선공산당 일본부와 신간회 東京지회는 국내 운동에 대해 문제제기를 지속적으로 수행했다. 그러나 조선공산당 일본부의 조선공산당 3차당 중앙에 대한 비판은 당내에 수용되어 분파적 경향성을 갖지 못했다.

1927년은 조선민족해방운동사에서 전민족적 단일운동체를 결성하기 위해 투쟁한 해였다. 그 영향은 일본에도 미쳐 조선공산당 일본부의 지도로 신간회와 근우회 일본지회들이 결성되었다. 신간회 東京지회는 신간회 본부보다 계급적 성향이 강한 조직이었다. 그것은 1927년 말에서 1928년 초에 있었던 내부 논쟁에서 확인된다. 또한 신간회 본부의 대회 금지에 대한 타협적 자세를 비판하는 가운데에도 분명하다. 이후 동경지회는 비판적 시각을 견지했고, 계속적으로 문제를 제기했다.

조선공산당 일본부의 지도를 받던 재일본조선노동총동맹도 일상적인 투쟁과 계기 투쟁을 지속적으로 전개했다. 특히 대중교육을 통해 조직원의 교양과 조직의 확대를 도모했으며, 공동투쟁도 우의단체와 수행했다. 이와 함께 1927년에는 조·일 연대투쟁을 일본 내 정치상황의 변화에 따라 능동적으로 전개했다.

또한 1927년은 재일조선인 민족해방운동에서 본격적인 공동투쟁의 해였다. 재일조선인은 3·1운동 기념투쟁, 메이데이 투쟁, 국치일 투쟁, 관동대지진 조선인학살 추도회와 조선총독 폭압정치 반대운동, 조선공산당 비공개공판 반대운동, 치안유지법 철폐운동, 삼총해금운동, 조선증병, 대지간섭 반대운동, 상애회 박멸운동, 일본좌익 단체지지운동 등을 전개했다. 이 시기 재일조선인 투쟁에서 주목할 투쟁은 조선공산당 일본부→신간회 동경지회→조선인단체협의회→ 조선총독 폭압정치반대 관동지방동맹으로 이어지는 지도에 따라 전개된 조선총독 폭압정치 반대운동이었다. 조선총독 폭압정치 반대 연설회는 조·일 연대의 장이었다. 이와 함께 조·일 연대투쟁은 對支非干涉運動, 재일본조선노동총동맹의 일본노동조합평의회와의 공동투쟁, 노동농민당 성원 등을 통해 확인할 수 있다.

재일조선인 운동사에서 1928년은 조선공산당 일본부가 조선공산당 일본총국으로 강화되면서, 투쟁이 고양되던 해였다. 일본총국은 프롤레타리아의 헤게모니 확립과 야체이카와 플랙션을 통해 대중단체를 지도했다.

재일조선인 민족해방운동이 고양되어, 1928년에는 협의회적 성격의 대중 조직의 강화가 신간회 및 근우회 일본지역 지회와 조선인단체협의회, 삼총해금관동동맹으로 이어졌다.

1928년에는 재일조선인 민족해방운동의 중심인 조선공산당 일본총국의 지도 아래 단체 연합과 연대가 활발했다. 4대 기념투쟁인 3·1운동 기념투쟁, 메이데이투쟁, 국치일투쟁, 관동대지진 조선인학살 추도회와 함께 1927년부터 계속된 조선총독 폭압정치 반대운동을 비롯한 삼총해금운동, 치안유지법 개악 반대운동, 조선증병 반대운동, 중국출병 반대운동 등을 전개했다. 특히 지역 단위 투쟁에서는 경제적인 요구를 내건 투쟁에서부터 반민족세력인 상애회 박멸 투쟁에 이르기까지 다양한 양상을 보였다. 재일조선인 민족해방운동사에서 재일본조선노동총동맹 중심의 노동운동은, 국내와 일본의 노동운동사에서 보이는 것 같은 경제적 요구를 중심으로 하는 투쟁보다는 민족적 성격이 강한 정치적 투쟁이 우선이었다.

1928년, 조·일 연대투쟁도 국제연대에 기초해 계속되었다. 재일본조선노동총동맹은 신노농당 조직준비회 응원운동을 주도하며, 일본 사회운동세력과 연대를 모색했다. 이러한 국제연대가 일본 사회운동 발전의 한 계기가 되었다. 진정한 국제연대는 공산주의자들과 노동운동 단체들 중심으로 원론적 수준에서만 논의될 것이 아니라, 노동 대중 사이에서 광범위하게 진행되었어야 했다.

한편 국제혁명운동의 중심이었던 코민테른은 1928년 「12월테제」와 이후 조선공산당에 내린 문건에서 노동자, 농민 대중에 기초한 볼세비키당의 재건을 지시했다. 재일조선인 민족해방운동을 지도해 온 조선공산당 일본총국에게 「12월테제」와 일국일당주의는 지상명령이었다. 즉 코민테른과 프로핀테른의 지침은 곧바로 조선 민족해방운동의 지도 이론으로 반영되었고, 일본지역에서 활동하던 재일조선인에게도 굴절되어 투영되었다.

특히 방향전환으로 몰아간 재일본조선노동총동맹의 해체논의는 일본지역 대중단체에게 큰 영향을 미쳐 재일본조선청년동맹, 학우회도 해소를 결정했으며, 이와 연동하여 신간회 동경지회도 자연 소멸되었다. 대중단체가 해체되는 과정에서 조직의 실체가 불분명했던 조선공산당 일본총국은 일본공산당의 지도로 1931년 10월 해체를 결정했다.

해체주도 그룹에 의해 해체가 일방적으로 논의된 1929년 9월 이후에도 재일조선인의 민족해방운동은 조직적으로 전개되었다. 1929년은 재일조선인 민족해방운동에서 1927년 이래의 정치적 성격의 계기투쟁이 지속되면서 운동이 발전했던 해였다.

이상과 같은 1920년대 후반 재일조선인 민족해방운동은 다음과 같이 그 성격을 규정할 수 있다.

첫째 재일조선인 민족해방운동은 식민지시대 조선민족해방운동의 지역단위 운동으로 조직적인 발전이 계속되었다. 공산주의계가 주도권을 장악하고 지도한 재일본조선노동총동맹과 재일조선청년동맹의 창립과 발전은 조선민족해방운동과 함께 하며, 대중투쟁의 중심이 되었다. 아울러 일본지역에서는 조선인단체협의회와 삼총해금동맹이 신간회 일본지역 지회와 함께 공동투쟁을 도모했다. 특히 재일본조선노동총동맹 창립 이후 조선인 노동조합의 발전은 반, 지부를 통해 활발했고, 정치적 성격이 강했다.

둘째 조직의 성장과 함께 재일조선인 민족해방운동도 지속적으로 발전했다. 일상적인 요구에 기초한 투쟁부터 4대 기념 투쟁을 비롯한 각종 계기 투쟁이 계속되었다. 그리고 돌발적인 사건과 관련하여 전개된 투쟁이 재일조선인 민족해방운동을 보다 정치적으로 만들었다. 즉 三重懸 학살사건 반대운동, 小樽高等商業學校 군사교육사건 반대운동, 삼총집회금지 반대운동, 조선공산당 비공개공판 반대운동 등은 재일조선인을 보다 강하게 조직했다. 특히 1928년은 재일조선인 민족해방운동사에서 조선공산당 일본총국의 지도 아래 통일적으로 투쟁이 전개된 운동의 고양기로, 재일조선인의 투쟁력이 만개했던 해였다. 지역적 특수성에 기초하여 전개된 재일조선인 민족해방운동은 계급적 모순이 민족 모순보다 우선적으로 작용했다.

셋째 재일조선인 민족해방운동을 한 시기 주도했던 일월회의 활동에서 알 수 있듯이, 재일 조선인의 투쟁경험은 국내에 유입되어 조선민족해방운동의 한 토양이 되었다. 재일조선인은 크게 세차례에 걸쳐 대거 국내로 들어와 민족해방운동에 복무했다. 이것을 시기별로 구분해 보면, 첫째 3·1운동기, 둘째 일월회가 국내로 진출한 1926년 경, 그리고 셋째 당재건운동기였다. 세 번에 걸친 대규모의 국내 진출과 함께 재일조선인은 계속 국내로 들어와 일본에서의 정치·경제·사회적 경험을 이식했다.

넷째 재일조선인 민족해방운동은 국제적인 연대를 지역단위에서 일본공산당 및 노동운동 세력과 투쟁을 통해 부분적으로 실행했다. 선언적인 연대도 없지는 않았으나, 조선과 일본노동자계급의 전위인 양국 공산당은 국제공산당의 지부로서 서로의 존재를 인정했다. 그리고 일본 내 조선공산당 지부가 설치되는 것을 일본공산당은 잠정 승인했던 것이다.

3. 재일제주인의 1920년대 후반 민족해방운동

재일제주인의 운동은 1910년대 유학생운동에서 출발했다. 그리고 1920년대 초반 이후 고순흠의 무정부주의운동 세대를 거치면서 발전했다. 그러나 재일제주인 운동이 가장 활발했던 때는 1920년대 후반부터였다. 재일본조선노동총동맹 대판지부가 결성되면서, 재일제주인의 사상운동과 현장에 기반을 둔 노동자들의 대중운동은 활발해졌다.[8]

다수의 제주인이 이주하기 시작한 1923년 이후에 재일조선인 민족해방운동에 있어 주도적인 역할을 수행했던 제주 출신은 김명식, 고순흠, 김문준, 홍양명, 조몽구, 김달준, 김용해, 강평국, 김재림 그리고 고경흠, 김시용 등이었다.[9] 이들이 가담했던 조직 가운데 재일조선인 운동에 있어 중심적인 역할을 수행했던 재일본조선노동총동맹과 무산자사의 활동 내용을 통해, 일본지역 민족해방운동의 보편적인 내용과 제주인의 모습을 살펴 보자.

1) 재일본조선노동총동맹과 김문준

단체 가입의 원칙 아래 출범한 재일본조선노동총동맹은 12단체 63명의 대표가 참석하고 150여명이 모여 결성되었다. 재일본조선노동총동맹은 비록 12단체 800여명으로 출발했지만, 준비위원회 시절부터 일월회의

---

8) 김창후, 「일제하 재일 제주인의 운동, 민족운동으로 볼 수 있는가?」, 『제주 역사의 쟁점』(제1기 금요 역사 교실), 제주4·3연구소, 1996, 88쪽.
9) 자세한 개인별 내용은 다음의 사전을 참조. 강만길·성대경 엮음, 『한국사회주의운동인명사전』, 창작과 비평사, 1996.

주도권이 관철되면서, 전일본 조선인 노동운동의 대표였다. 결성 이후 조직 확대가 도모되어 1925년 10월에는 대판지역에서 1,000여명의 조합원을 보유하게 되었다. 1926년 초에는 관동과 관서 양 연합회의 활동이 활발해졌다.

1926년 4월 제2회 대회가 있은 이후 재일본조선노동총동맹은 진일보한 운동방침을 통해 조직을 강화했다. 특히 1926년 9월 관동조선노동조합연합회의 결의에 따라 동경 안에 있는 78개의 노동조합은 중, 서, 남, 북의 4개의 노동조합으로 정리되었다. 그리고 재래의 조선인 노동조합의 명칭을 폐지하고 지역 이름을 붙쳤다. 같은 해 10월 재일본조선노동총동맹은 25개 노동조합 9,900명의 조합이 되었다.

제3회 대회 이후 재일본조선노동총동맹은 각지에 분산적으로 조직된 조합을 정리, 통합하려는 1府縣 1조합 원칙을 수립했다. 이에 따라 조직이 집중되었고, 1927년 4월에는 30,312명의 조합으로 성장했다. 특히 조선공산당 일본총국의 재일본조선노동총동맹 내의 플랙션이 조직 사업을 주도했다. 박득현, 송창렴, 진병로 등은 재일본조선노동총동맹을 정치투쟁이 강한 조직으로 견인했다.

제4회 대회에서는 기존의 자유노동자 중심의 재일본조선노동총동맹을 산업별로 재편성하자는 산업별 조직론이 부상했다. 그러나 1928년 9월 재편성의 지시가 있었음에도 불구하고, 이러한 내용은 지시 직후 세포단체에까지 실현되지 않았다. 여기에는 시간이 필요했다. 1928년 4월 재일본조선노동총동맹 산하 지부는 동경조선노동조합, 神奈川縣조선노동조합, 京都・大阪・神戸・富山조선노동조합 등이 있었고, 총체적으로 1928년 시기 지역별 조선노동조합은 東京, 京都, 大阪, 中部, 神戸, 神奈川, 富山, 三多摩, 新潟縣 등지에 결성되었다.

한편 조직에 대한 검거로 일시적인 와해에 직면했던 재일본조선노동총동맹은 1929년 결집력을 회복하고 다수의 노동자를 획득했다. 1929년 6월 시기 재일본조선노동총동맹의 조직을 보면, 동경조선노동조합, 神奈

川조선노동조합, 대판조선노동조합, 경도조선노동조합, 兵庫조선노동조합, 神戶조선노동조합, 富山조선노동조합, 中部조선노동조합, 三多摩조선노동조합, 新潟조선노동조합, 北陸조선노동조합이 있었다. 그리고 名古屋, 群馬, 宮城, 廣島, 北海道, 四國, 長野, 福島에 조직이 준비되었다.

재일본조선노동총동맹의 조직은 직업별 조직에서 제4회 대회 이후 산업별체계로 이행하기 시작해서, 해체와 함께 산별로 강화되었다. 이것을 전협이 주도했다. 1930년에 들어 전협은 조직의 산업별 정리에 착수하여, 금속, 화학, 교통, 전기, 섬유, 목재, 출판, 식량, 통신, 일반 사무원, 토목건축, 의료 등의 분야로 개편을 단행했다. 재일본조선노동총동맹은 일본공산당과 일본노동조합평의회의 영향을 일본의 사회운동 조직 보다 많이 받았을 것이다.

재일본조선노동총동맹 창립의 주도세력에는 백무, 안광천, 이여성, 김상철, 이헌, 이지영, 박장길, 김길섭, 지후근 등의 이름이 보인다. 재일본조선노동총동맹은 일월회계의 주도로 출범해 조선공산당 일본부, 일본총국의 지도 아래 발전했다. 지역 단위 노동조합의 대중적 기반이 강화되면서는 중앙과 지역간의 분쟁도 없지 않았다. 분쟁의 해결은 중앙 중심적으로 해결되었다. 김광 문제의 해결 방식이 그것이다.

재일본조선노동총동맹은 일본에 존재했던 관계로 국내 노동운동과 횡보를 함께 하기보다는 일본 노동운동세력과 전술적으로 친근함이 더했다. 그럼에도 불구하고 재일본조선노동총동맹은 조선인만의 민족적 성격이 전제된 노동조합으로 자유노동자 중심이었다. 따라서 민족주의적 색채가 강한 정치투쟁을 일상적인 투쟁과 함께 수행했던 것이다.

재일본조선노동총동맹의 활동이 가장 왕성했던 곳은 가입 노조원의 60%를 점유하고 있던 대판지역이었다. 원래 대판지역은 조선인 이민의 최대 집결지였다. 또한 대판을 중심으로 한 阪神지방은 일본 중화학공업 발전의 중심지로 일본 혁명운동에서 간과할 수 없는 역할을 했던 곳이다.

1923년 제주와 대판 사이에 직항로가 개설된 이후에 대판지역 노동자

의 다수를 제주인이 차지하게 되었다. 제주인 운동가들은 다수의 고향
사람을 배경으로 점차 반일운동의 전면에 나서기 시작했다. 그 대표적
존재는 김문준10)이다. 그가 재일본조선노동총동맹과 다른 조직에서 활
동했던 내용을 보면 다음과 같다.

- 1927년 재일본조선노동총동맹 대판조선노동조합 집행위원, 대판
  조선노동조합 북부지부 상임집행위원, 1927년 12월 신간회 대판
  지회 결성.
- 1928년 5월 재일본조선노동총동맹 집행위원.
- 1928년 6월 3일 대판조선노동조합대회 교육부장. 1928년 7월 대
  판조선인거주권획득동맹 조직, 연설회 개최.
- 1929년 4월 대판조선소년동맹 조직.
- 1929년 4월 '우리가 우리의 배를'이라는 슬로건 아래 '제주통항
  조합준비위원회' 결성.
- 1929년 가을 대판고무공조합 결성.
- 1929년 8월 25일 신간회 대판지회 확대위원회 검사위원장.11)
- 1929년 12월 14일 대판에서 열린 재일본조선노동총동맹 전국대
  표자회의 및 확대집행위원회 대판대표로 참석, 신중앙집행위원.
- 1929년 말부터 다음해에 걸쳐 대판시 東成區의 고무공장의 조선
  인 노동자 사이에서 개별적인 공장을 초월하여 지역제네스트라

---

10) 재일본조선노동총동맹 이전의 활동을 정리하면 다음과 같다.
  - 1894년 2월 10일 제주도 조천리 3110번지 金重珍의 아들로 출생, 호는 木牛.
    (『조선일보』 1931. 4. 2)
  - 어려서부터 한문을 수학하고 의신학교(?), 제주도 농림학교, 1917년 수원고등농
    림학교를 졸업하고,(『동아일보』 1936. 5. 24) 수원권업모범장에 근무함.(『조선일
    보』 1931. 4. 2) 화북보통학교 등에서 교원생활함.
  - 1919년 3·1운동에 참가하고 이후 서울청년회와 경성노동회에 소속되어 활동
    함. 이후 제주도에서 사립학교를 설립함.
  - 1927년 7월 대판으로 건너감.(어떤 자료에는 일본에서 1924년부터 노동운동에
    종사한 것으로 기록됨)
  - 1927년 7월 대판조선노동조합 집행위원, 동남지부장 역임.
  - 딸 淑姬도 운동에 헌신함.
11) 『조선일보』 1929. 9. 1.

고할 만한 쟁의를 전개함.
- 1930년 1월 재일본조선노동총동맹을 전협으로 해소하는데 반대. 전협 조선인위원회와 대립. 전협 조선인위원회가 관서사무국을 확립한 것과 별도로 전협 대판지방사무국을 지도함.
- 1930년 5월 대판 고무공조합을 전협 일본 화학 산업노동조합 대판지부로 개편하고 책임자가 됨.
- 1930년 제주도 대판 사이의 여객선을 취항시킨 동아통항조합의 설립에 관여함.
- 1930년 6월 泉고무공장의 스트라이크 지도. 8월 검거되어 10월에 기소됨.
- 1931년 12월 대판지방재판소에서 징역 3년 6월을 선고받음.
- 1932년 4월 12일 항소심에서 2년 6개월의 형을 언도받고 1934년 만기 출옥함.
- 1934년 김문준의 활동을 감시하기 위해 대판-제주도 사이의 특고경찰의 활동이 강화됨.12)
- 1934년 일본공산당 재건운동에 참가. 혁명가구원회를 조직하여 조선인 조직을 지도함. 일본인운동과 연결을 도모하며 인민전선 결성에 노력함.
- 1935년 6월 민중시보사 설립, 대표. 『民衆時報』를 대판에서 발간.
- 1936년 5월 22일 폐결핵이 악화되어 대판 刀根山 요양소에서 치료하다가 東成區 東小橋北之町 3-9번지의 4호에서 사망. 향년 43세13). 장례는 일본좌익단체와 합동으로 거행됨. 해방운동희생자 무명전사의 묘에 합장되었다고 함.14)

---

12) 『중앙일보』 1934. 3. 27.
13) 『동아일보』 1936. 5. 24.
14) 日本社會運動顯彰塔「顯彰大阪社會運動之戰士」(일본시 대판시 대판성공원 소재)에 김문준의 명패가 있음.(『제주항일독립운동사』, 제주도, 1996.) 이후 유해가 고향인 조천에 안장됨.(「광주지방법원 제주지청수형인명부」) 김문준의 묘비(「木牛金文準之墓」)가 북제주군 조천읍 조천공동묘지에 있음.(『제주항일독립운동사』, 제주도, 1996.)
그의 생애는 다음의 자료로 확인할 수 있다. 文國柱編著, 『朝鮮社會運動史事典』, 社會評論社, 1981. ; 朴慶植, 『アジア問題研究所報』(7), 1992. ; 국가보훈처, 『독립운동사자료집』(별집3). ; 국가보훈처, 『독립운동사자료집』(14) ; 강만길·성대경 엮음, 『한국사회주의운동 인명사전』, 창작과 비평사, 1996. ; 近代日本社會運動史人物大

이상과 같이 김문준은 한 시기 재일조선인 운동, 특히 대판지역 조선인운동을 주도했다.

2) 재일본조선노동총동맹 제4회 대회와 김문준

일본지역 노동운동사에 있어 재일본노동총동맹의 중요성은 재론할 필요가 없다. 이 조직의 1928년 제4회 대회는 지역 중심주의와 중앙 중심주의의 대립이 표출되었고, 김문준은 이 대립에 있어 한 가운데 있었다. 그 내용을 정리해 보면 다음과 같다.[15]

재일본조선노동총동맹 제4회 대회는 1928년 5월 13, 14일 東京帝大 셋츠루멘트 대강당에서 열렸다. 대회의 역원은 의장 송창렴, 김천해, 서기 강낙섭, 김두진, 이상조였다. 그리고 심사위원으로는 자격 심사위원 정휘세, 송윤서, 권일선, 김창익, 의안 심사위원 박형채, 서진문, 이우진, 법규·선언 심사위원 김정홍, 문철, 윤동명, 예산결산 심사위원 서진문, 이일, 이성백 등이었다.

첫째 날은 1928년 5월 13일 오전 10시에 시작되어 오후 5시 12분까지 열렸고, 선언·개회사·낭독·축사가 이어졌다. 이날 회의의 내용은 다음과 같다. 1) 남영우 자격문제에 대한 소위원회를 구성했다. 위원장은 이진, 위원은 권일선, 박휘일, 정휘세, 이성백이었다. 2) 각 지방보고는 東京에 대해 이진, 神奈川에 대해 서진문, 大阪에 대해 김문준, 京都에 대해 정휘세, 北陸에 대해 박휘일이 했다. 3) 검속 교섭위원으로 김세걸, 박태을, 윤도순을 선임했다.

事典編集委員會編, 『近代日本社會運動史人物大事典』, 日外アソシエ-ツ, 1996, 아울러 구체적인 내용은 다음의 자료를 참조 『조선일보』1929년 9월 1일, 『동아일보』 1931년 4월 2일, 1935년 5월 24일, 『民衆時報』1936년 6월 21일, 「광주지방법원 제주지청수형인명부」, 『社會運動の狀況』(1930版). ; 金賛汀, 『異邦人は君ケ代丸に乗って』, 岩波書店, 1985. ; 朴慶植, 『在日朝鮮人運動史』, 三一書房, 1979. ; 『思想月報』 第2卷 第1-2號, 『제주항일독립운동사』, 제주도, 1996.)
15) 자세한 내용에 대한 별도의 추가 없으면 필자의 졸저를 참조함.

둘째 날은 14일 오후 5시부터 시작되어 10시까지 열렸다. 10여개 단체의 축전과 축문의 낭독이 있었고, 이진, 김정홍이 의사진행계로 선정되었다. 이 날은 대판사건 진상소위원회의 보고가 있었다. 그리고 심사위원의 보고와 보고 내용에 대한 질의 응답 이후 중요사항이 가결되었다.

이 자리에서 김문준은 과거 『대중신문』이 오류를 범했다면서 청산할 것을 제기했는데, 이송규, 문철, 윤영택, 박휘일의 비판이 계속되었다. 결국 토의가 진행되었으나 시간을 이유로 신중앙위원회에 일임하기로 정리했다. 또한 도일 노동자 저지 반대운동에 관해서는 김문준이 보고하여, 항의문 발송과 일본의 노농대중에게 널리 알려 공동 주최로 비판연설회 개최를 첨가하기로 결의했다.[16]

이후 선언을 김천해가 낭독하여 통과되고, 다음의 내용이 결의되었다. 1) 조선일보 정간에 관한 건, 2) 일본좌익 3단체 해체에 관한 건, 3) 경성여자상업학교 맹휴사건, 4) 차기대회 장소 결정의 건.

둘째 날 대회에서는 진상소위원회에서 대판사건이 처리되었다. 대판사건은 1928년 3월 28일 대판조선노동조합 집행위원회가 대판조선노동조합의 김수현에게 東南지부로 이동하라는 지시를 무시하고, 하부조직인 東北지부 상임집행위원회에 새로이 취임한 김광을 제명하기로 결정한 데에서 시작되었다. 이에 대해 조선공산당 일본총국의 지도로 재일본조선노동총동맹 중앙에서는 권대형을 파견하여 중재를 시도했으나, 반간부파 대의원들의 대판조선노동조합 확대집행위원회는 두 차례의 대회를 열어 4명의 제명을 결정했다.[17] 1928년 4월 11일 대판조선노동조합 확대집행위원회는 남영우, 윤동명, 김수현, 안종길을 분리주의자로 제명하고, 김광을 복권하기로 한 내용을 받아들였으며, 제2차 4월 23일 위원회는 제명당한 사람들을 포함한 소위 간부파가 참석하지 않은 가운데 4

---

16) 「재일본조선노동총동맹제4회전국대회회록」, 대원사회문제연구소 소장, 참조
17) 자세한 내용은 다음 논문을 참조 金森襄作, 「在日朝鮮勞總「大阪事件」について」, 『在日朝鮮人史研究』(20), 1990. 10, 103-104쪽, 참조

명의 제명과 신간부를 선임했다. 신집행위원을 보면 위원장 송장복, 김
문준, 김병국, 김달환, 김광 등이 맡았다. 여기에 대항하여 제명당한 간
부들은 부당성을 호소하기 위해 재일본조선노동총동맹 중앙에 부당성을
상소한다고 선언했다.

당시 재일본조선노동총동맹의 간부는 조선공산당 4차당이 독점적으로
지위를 차지하고 재일본조선노동총동맹의 주도권도 이들에 의해 장악되
어 있었다. 대판사건 때 김문준은 대판사건의 진상을 호소하고 제명의
정당성을 강력히 주장했다. 윤동명과 남영우는 여기에 반론을 폈다. 이
렇게 되자 총회는 한 지부의 문제이므로 전국대회는 보다 중요한 과제
의 토론이 우선 되어야 한다면서, 이 사건에 대해서는 의장이 임명한 5
명의 소위원회에 일임했다.

제4회 대회 때 소위원회는 열린 흔적이 없다. 조선공산당 4차당계의
재일본조선노동총동맹의 5명의 위원과 김문준의 타협으로 12일 심의에
의해 보고되고, 윤동명, 남영우는 제명 취소, 정남국은 무기정권, 김광은
스파이 용의와 투쟁자금 횡령으로 제명을 결정했다.

3) 무산자사18)와 고경흠

재일조선인 운동에 있어 새로운 국면을 준비하던 1929년 3월, 고경흠은
당 조직의 검거를 피해 상해로 망명했던 한위건, 양명준과 함께 '고려공산
청년동맹'을 조직했다. 이 고경흠은 제주 출신의 탁월한 이론가로 일찍이
우리에게 알려져 있다.19) 그의 재일조선인 운동 속의 활동을 보려면, 그

---

18) 무산자사의 조직과 활동의 대강은 필자의 졸저를 참조함.
19) 고경흠의 무산자사 이전의 연보는 다음과 같다.(강만길 · 성대경 엮음, 『한국사회주
    의운동인명사전』(창작과 비평사, 1996.) , 참조)
    - 제주도 출신.
    - 서울의 정동공립보통학교를 졸업한 뒤, 1923년 4월 경성중학에 입학.
    - 1926년 2월 경성중학을 중퇴하고 4월 보성전문학교에 입학하여 1년간 수학.
    - 1927년 3월 동경에 건너가 고학하면서 5월 재동경조선청년동맹에 가입하여 집

어떤 조직 보다 무산자사를 먼저 거론하는 것이 좋을 것 같다.

그런가 하면 '고려공산청년동맹' 조직 이후 동경에 간 고경흠은 인정식의 소개로 1929년 4월 재건된 '재건고려공산청년회 일본부'에 가입하고, 『노동자농민신문』과 『레닌주의』 출판부원이 되었다. 동시에 고경흠은 조선프롤레타리아예술동맹 동경지회에 가입했다.

한편 김치정, 이북만 등은 1929년 4월이래 '재건고려공산청년회 일본부'와 별도로 당 재건운동을 전개했다. 이들은 무산자사를 당 재건 준비기관으로 할 것과 선전, 선동 및 조직을 위해 기관지를 발행할 것, 그리고 『무산자』를 재건당의 기관지로 할 것을 결의했다. 이러한 결의에 따라 1929년 5월, 김두용, 이북만, 성기백 등이 합법 출판사로 무산자사를 조직했다. 여기에는 1929년 11월 조선프롤레타리아예술동맹 동경지회가 해체를 선언하고 가입했다. 이 조직은 『무산자』를 기관지로 정했으며, 고경흠, 김삼규, 김치정 3명이 기관지의 내용을 협의하여 게재했다.

행위원으로 활동. 홍효민, 이북만과 함께 제3전선사를 설립하고 기관지 『제3전선』을 발간.
 - 1927년 9월 제3전선사 간부들과 함께 국내에서 조선프롤레타리아예술동맹(KAPF)개편에 참여하고, 사회주의 문예활동을 전개.
 - 1927년 10월 재일본조선노동총동맹과 신흥과학연구회에 가입.
 - 1928년 8월 『현계단』창간호에 잡지 「『조선운동』발간선언의 비판」이라는 글을 김영두 명의로 발표.
 - 1928년 9월 일본대학 전문부 법학과에 입학했으나 수업료를 내지 못하여 연말에 제적.
 - 1928년 10월 신간회 동경지회에 가입. 일본경찰의 지명수배를 피해 중국 상해로 망명.
 - 1929년 3월 상해에서 ML파 공산주의 그룹의 지도자들과 만나 코민테른 「12월테제」에 의거한 조선공산당 재건운동방침을 협의. 일본으로 돌아가 고려공산청년회 일본부 재건에 참여하고, 출판부에 배속되어 기관지 『노동자농민신문』, 『현계단』의 발간에 종사. 이 무렵 프롤레타리아 문예운동을 당재건운동에 활용하기 위해 결성된 무산자사에 참여.
 - 1929년 7월 제주도에서 일본경찰에 검거되었으나 압송 도중 神戶역에서 탈출. 大阪을 거쳐 11월 중국 천진으로 건너감.
 - 1930년 4월 동경에서 『전기』, 『인터내쇼날』, 『무산자』 등의 잡지 발간을 주관.
 - 1930년 11월 북경으로 가서 한위건과 만나 당재건운동의 방침을 협의.

1929년 5월 조직된 이후 무산자사는 1930년 조직을 개편했다. 같은 해 11월 초 고경흠, 김치정, 김삼규 등은 두 가지의 사실[20]을 결정하고, 조직의 확대를 도모했다. 이후 무산자사의 구성원들은 동경을 떠나 각각 북평과 경성으로 들어갔다. 고경흠은 북평에 가서 東京에서의 활동 상황을 한위건에게 보고하고, 운동자금을 접수했다. 그리고 경성에서 1931년 2월 서인식, 이종림 등과 회합하여 당 조직에 관해 의견 교환을 했으며, 이 자리에서는 조직 강화의 구체적인 방법을 결정했다.

한편 무산자사에서는 재일조선인 공산주의운동의 헤게모니를 둘러싸고 고경흠, 김치정, 김두용 등에게 지도되었던 그룹과 정희영, 김동하 그룹 사이에 해체를 둘러싸고 논쟁이 전개되었다. 전개된 논쟁의 요지를 보면, 무산자사의 해체를 주장하는 쪽은 재일조선노동총동맹이 코민테른의 일국일당주의에 따라 해체된 이상 일본에서 조선인들이 독자적인 집단을 결성하여 일본 좌익단체와는 물론 보석상태에 있는 조선의 전위들과도 연락하지 않으면서, 독자적인 조직을 계획하는 것은 반동적이라고 했다.

이에 반해, 무산자사의 해체를 반대하는 쪽은 격심했던 계급투쟁이 최후의 해결의 길로 진전해 가는 상황에서 무산자사는 프롤레타리아의 역사적 임무의 일부를 수행하기 위해 싸워 왔다고 전제하고, 일본에는 합법적 공간이 있기 때문에 조선인만의 조직이 일본에 존재하는 것이 유리하다면서 무산자사 존재의 당위성을 주장했다. 무산자사는 처음부터 조직 대상을 조선 내에 두고 있었기 때문에 재일본조선노동총동맹 해체 뒤에도 존재 가치가 별도로 있었다. 그러나 이러한 논쟁도 객관적 정세에 따라 해체로 논의가 강화되었고, 해체는 단지 시기상의 문제에 지나지 않았다.

이상과 같은 무산자사에서 고경흠 등은 이를 거점으로 조선공산당 재

---

20) 첫째, 고경흠은 北平에 가서 동지와 협의하여 운동자금을 받아올 것. 둘째, 김치정이 고경흠 부재 중 직무를 대행할 것.

건운동을 진행했다. 결국 1931년 8월 하순 무산자사가 파괴되면서, 여기
에서 활동하던 고경흠, 김삼규, 한재덕, 송연수 등은 검거되었다. 이후
고경흠은 조직을 주도하고, 당 재건운동을 전개했으며, 『코뮤니스트』,
『봉화』 등의 출판에 적극적이었다. 그는 8월 하순 일본경찰에 검거되어
1933년 5월 경성지법 예심에 회부되었으며, 법정에서 사상전향을 선언했
다. 또한 출옥한 뒤 여운형이 사장으로 있던 『조선중앙일보』 편집부원이
되었다. 1938년 7월 전향인사들을 중심으로 조직된 시국대응전선사상보
국연맹 경성지부 간사로 활동했고, 1940년 3월 여운형이 일본을 방문할
때 비서로 수행했다.

4. 1920년대 후반 대판과 재일제주인운동

1) 대판 재일제주인 사회의 형성21)

일제는 제주도에서도 국내의 다른 지역에서처럼 토지조사사업을 실시
하여, 다수의 토지를 국유화해서 착취했다. 그 결과 일제의 가혹한 수탈
에 시달리던 제주도민들은 땅마저 잃게 되어 타지로 살길을 찾아 떠나
야 했다.

1922년 12월 일제는 조선과 일본에 임시 조치로 '자유도항제'를 실시
했다. 이어 1923년 12월 15일에는 제주와 대판 간의 직항로가 개설되었
고, 제주도민들은 다른 지역 보다 절대 다수가 일본으로 진출하기 시작
했다.

1923년 당시 제주도의 총인구는 209,925명이었다. 그러나 정기항로의
개설 이후에는 감소되어, 1930년에는 199,577명으로 인구의 자연 증가율
에도 못 미치고 있었다.22) 그와 반대로 일본에서 제주인 잔류자수는 계

---

21) 본 절은 별도의 주가 없으면 김창후의 연구에 주로 의존했다.

속 증가했다. 1926년에는 28,144명이었던 것이 1934년에는 50,045명에 이르고 있다. 이는 제주도 총인구의 약 1/4에 해당되는 숫자로 1935년에는 제주도의 5명 중 1명이 도일했다고 할 수 있다. 특히 제주인의 대판 거주자는 다른 지역 보다 여성의 비율이 높았던 것이 특징적이었다.[23]

1920년대 후반 제주인 일본 도항자와 귀환자 수[1]

연 도	도 항 자			귀 환 자			잔류자
	총 수	남	여	총 수	남	여	누 계
1926	15,862	11,742	4,120	13,500	10,029	3,471	28,144
1927	19,224	14,479	4,745	16,863	12,015	4,848	30,305
1928	16,762	11,745	5,014	14,703	10,100	4,603	23,564
1929	20,418	15,519	4,903	17,660	13,326	4,334	35,322
1930	17,890	12,029	5,861	21,416	15,175	6,251	31,786

일본으로 건너간 제주인은 제주-대판 항로의 종점인 대판지역에 집단 거주하게 되었다. 특히 이들은 猪飼野지역에 밀집하여 살기 시작했다. 이 지역은 현재까지도 일본 내에서 가장 제주도적인 곳이다.[24]

일본에서의 생활은 말로 표현할 수 없을 정도로 어려웠다. 출가자들은 우선 동포가 운영하던 하숙집에 묵었다. 하숙집은 비좁아 잠자리가 불편했지만, 그래도 값은 비쌌다. 아무리 비싸더라도 하숙집을 얻은 출가자들은 상황이 좋은 편이었다. 하숙집을 얻지 못한 사람들은 폐가나 가축사 등에 가건물을 짓고 거주했다. 일본인들이 조선인들에게 방을 빌려주는 일은 거의 없었던 것이다.

어렵게 집을 구한 사람들은 일본인들이 싫어하는 공장 즉, 메리야스

---

22) 제주도청, 『濟州道勢要覽』, 1937, 10쪽.
23) 대판거주 조선인 가운데 여성의 비율은 1930년에 30%, 1940년에 40%를 넘었다고 한다. 물론 재일조선인 가운데 대판의 조선인의 비율은 1921년 21%, 1932년 30%로 '일본 속의 조선'적이었다고 하겠다.(杉原達, 「春玉たちの大阪-在阪朝鮮人史硏究序說」, 『ほるもん文化』(7), 新幹社, 1997. 2, 101쪽.)
24) 자세한 내용은 양영후의 앞의 책을 참조할 것. 아울러 1차 자료로 대판지역 조선인의 실태 속에서 그 내용을 확인하는 것은 어렵지 않다.

공장, 유리공장, 고무공장, 철공장 등지에서 일했다. 따라서 일본자본주의의 최하층에 위치한 조선인 노동자들은 민족적 착취와 계급적 압제에 시달릴 수밖에 없었다. 대판지역의 경우 조선인 노동자들은 다른 지역에 비해 공장 노동에 다수 참가했으나, 70%가 소규모 공장에 다니는 직공과 인부였다.[25]

이상과 같이 대판에 이주한 제주인은 수적으로 타지 출신보다 훨씬 많았다. 1924년 大阪府 조사에 의하면 대판부에 거주하는 조선인의 60% 이상이 제주인이었다. 이들은 주로 영세 가내공업이 많은 猪飼野지역에 집단 거주하면서 노동했다.

이러한 제주인은 가난한 생활로부터 탈출하기 위해 도일하여 고생을 했지만, 고향의 가난한 부모, 형제를 위해 송금을 포기하지 않았다. 1925년부터 1933년까지 8년 동안 고향에 보낸 송금액은 연평균 100만원이었는데, 송금 총액은 730여 만원에 달했다. 이것은 1인당 한해에 약 40원을 송금한 것으로 미숙련 노동자의 2개월 분에 해당되는 많은 금액이었다. 이들이 송금한 돈이 제주도 경제에서 차지하는 비중은 매우 높았다.[26]

한편 제주인 출가자 중에는 10대 미성년들도 많았다. 제주인은 고향에서 배울 기회가 없었던 이들 청소년을 상대로 猪飼野지역에 야학을 설립하여 한글과 한자의 보급에 노력했다. 이들은 조선교육협회가 발행한 「노동독본」 등을 교재로 한글을 가르쳤으며, 이와 동시에 청소년들의 민족의식 고양에도 힘썼다. 그러나 이런 야학은 일제의 지속적인 탄압을 받았다. 배움의 길이 없던 청소년들에게 가르침을 주던 야학들은 일제의 지속적인 탄압을 받았지만 설립자와 교사들은 굴하지 않고 지속적으로 운영했다.

그런가 하면 猪飼野지역에 제주인이 거주하게 되자, 제주도의 풍습과

25) 內務省 警報局, 『社會運動の狀況』(1929), 참조
26) 김창후, 「재일제주인들의 항일운동」, 『제주항일독립운동사』, 제주도, 1996, 참조

관습이 넘어가 보존되기 시작했다. 제주도 고유의 복장을 하고, 고향 사람끼리 결혼도 하는 등 고향에서와 다름없는 독특한 생활문화가 형성되어 나름대로의 사회를 존속시켰다. 지금도 이곳에서는 해신에 제사 지내는 풍습을 비롯해, 제주적인 내용이 그대로 제주인에 의해 유지·존속되고 있다. 제주인만이 갖고 있는 독특한 공동체적 결속력에 더하여 대판에 거주하는 제주인의 비율이 타도 출신자에 비해 상대적으로 높았다. 야학을 통하여 청소년들이 민족 의식에 차츰 눈을 떠가기 시작한 것은 일제시대 전 기간을 통해 일본, 특히 대판지역의 재일조선인 운동에서 제주인이 많은 역할을 하는 요인으로 작용하게 되었다.[27]

이러한 제주인의 모습은 반일 민족해방운동에도 큰 영향을 미치게 되었고, 실제로 독특한 지역적 연대에 기초한 투쟁이 이곳 대판에서 존재했다.

2) 대판조선노동조합과 재일조선인

재일본조선노동총동맹 大阪朝鮮勞動組合은 재일본조선노동총동맹의 1府縣 1조합주의의 원칙에 따라 결성되었다.[28] 당시 대판에는 재일본조선노동총동맹의 지도 아래 6개의 노동조합(대판조선노동동맹, 堺조선노동동맹, 泉尾조선노동조합, 西成조선노동조합, 城東조선노동조합, 조선근육노동조합)이 활동했다.

1927년 9월 1일 대판시내 浪速區西神田町 難破亭에서 열린 대회에는 대의원 80여명이 참석한 가운데 전형위원을 선출하고, 10개 항의 내용을 결의했다. 이 대회에서 채택한 내용은 다음과 같다. 1) 조선총독폭압정치 전국반대동맹조직 촉성의 건, 2) 노동자 교육방침의 건, 3) 대중비간섭운동 적극적 지지의 건, 4) 신간회 지지의 건, 5) 공장대표자회의 건, 6) 조

---

27) 김창후, 「재일제주인들의 항일운동」, 『제주항일독립운동사』, 제주도, 1996, 참조
28) 『동아일보』 1927. 9. 2, 「大阪朝鮮勞動組合に就て」, 『特高時報』(2-5), 1930. 5, 4-5쪽.

직원 양성의 건, 7) 실업자 조직의 건, 8) 실업노동자 획득의 건, 9) 관동대지진 당시 참화동포 추도의 건, 10) 대판경찰 탄핵의 건 등이었다.[29] 이 대판조선노동조합은 집행부를 다음과 같이 구성했다. 김달환을 위원장으로 하고 집행위원 김병국, 신재용, 남영우, 정창남, 김현태, 윤동명, 동혁야, 김종업, 강철, 심황파, 박영만, 박영근, 김수현, 전춘섭, 김성태, 황보윤 그리고 김문준 등이 선출되었다.

대판조선노동조합은 창립대회가 끝난 직후인 3일 집행위원회를 열고, 서무부(부장 윤동명, 부원 박영만, 강철), 정치교육부(부장 신재용, 부원 김수현, 박영근), 조직선전부(부장 정동파, 부원 김병국, 전춘섭), 조사쟁의부(부장 남영우, 부원 동혁야, 심황파), 부인부(부장 김종업, 부원 김영하, 김현태) 등을 조직한 후에 본부를 浪速區 稻河町 959번지에 두기로 했다.

대판조선노동조합은 해산될 때까지 3회의 정기대회를 개최했다. 제2회 정기 대회는 상임집행위원장 송장복을 뽑고, 상임집행위원으로 정동파, 위경룡, 윤염규 등을 선임했다.[30] 이 대회에서는 신임집행위원으로 집행위원장 송장복, 서성지부 김영수, 동남지부 김병국, 此花지부 정광택, 동북지부 이풍기·김상구, 북부지부 김문준·동혁야·김달환, 住吉지부 배철, 港區지부 정동파·위경영, 港지부 추병황, 泉州지부 어파, 河泉지부 송충신, 서부지부 김건오·윤혁제, 浪速지부 윤상규·김광을 두었다.[31] 그런데 1928년 신의주와 평양에서 일어난 제4차 조선공산당 검거사건으로 인해 정동파, 신재용, 위경룡이 검거되고, 위원장 송장복이 재일본조선노동총동맹 전국대회가 끝난 직후 병으로 사임하자 조직 개편이 불가피해졌다. 이에 따라 대판조선노동조합은 임시대회를 열고, 새로운 집행부를 선출했다. 이 때 선출된 집행위원은 위원장에 박영만, 서

29) 『동아일보』 1927. 9. 8.
30) 「在日本朝鮮勞動總同盟 大阪朝鮮勞動組合 第三回大會」(1929. 4. 29).
31) 『日本勞動通信』(69), 1928. 4.. 24.

무부장 이호석, 조직부장 김영수, 정치부장 김수현, 쟁의부장, 남영우, 조사부장 정광택, 부인부장 박영만 그리고 교육부장에 김문준이 뽑혔다. 새로 선임된 임원을 보면, 대판조선노동조합 탄생의 산파역할을 한 김달환이 배제되었다는 점이 특징적이다.

한편 대판조선노동조합의 제3회 정기 대회는 1929년 4월 16일에 열렸다. 이 대회는 지난 1928년 4월 12일 제2회 정기대회 이후 1929년 3월까지를 4기(1기 : 4월 12일~6월 3일, 2기 : 6월3일 임시대회~8월말, 3기 : 9월~12월, 4기 : 1월~3월)로 나누어 정세와 투쟁내용을 보고하고, 泉洲지부와 서부지부의 활동을 보고 받은 후, 6개항의 결의사항을 채택하는 것으로 진행되었다.

각 시기별 투쟁 내용 가운데 제주와 관련한 내용을 보면, 1기인 4월 25일에 제주도민대회가 열려 제주도용공제조합에 대한 박멸을 결의한 내용을 확인할 수 있다. 또한 5월 1일 메이데이 행사에 1만 여명의 조선인노동자가 참석했다. 2기에는 일상투쟁 매진이라는 목표 아래 폭압반대 주간투쟁, 악법반대투쟁을 전개했고, 津田법랑공장 동맹파업을 지도했다. 그밖에도 김문준이 주도한 주택쟁의의 승리와 8월 12일에 열린 조선인대회가 있었다. 3기에는 관동대지진 추모행사와 국내 수해이재동포구제회 조직 활동, 대판 지역의 여공을 대상으로 한 삐라 살포가 전개되었다. 4기에는 원산총파업 지원활동이 대표적인 투쟁이었다.

이상과 같이 대판조선노동조합은 재일본조선노동총동맹이 전개하는 각종 반제투쟁에서 중심적인 역할을 담당했다. 특히 대판지역의 재일본조선노동총동맹 산하 조선인노동조합은 재일본조선노동총동맹 회원의 다수를 조합원으로 보유했다. 1929년 9월말 현재 재일본조선노동총동맹의 총수 23,530명 가운데 대판지역의 조합원이 17,000명인데 대비하여 동경지역 조합원은 3,140명이었다.[32] 이 지역의 경우 운동지도층의 다수

---

32) 金正明 編, 『朝鮮獨立運動』(4), 955-956쪽.

가 이론가가 아닌 활동가라는 사실과 대판 조선인으로서 국내 중앙운동 세력과 교류가 활발하지 못한 점, 거주 조선인의 다수가 노동자라는 점 등으로 인해 비록 독자적인 운동을 전개하지는 못했지만, 재일본조선노동총동맹 중앙의 입장에서도 결코 무시할 수 없는 중요한 지역이었다.

3) 동아통항조합의 자주운항운동

대판 제주인이 중심이 되어 전개한 독자적인 운동은 동아통항조합의 자주운항운동을 들 수 있다.

전술했듯이 1923년 12월 15일 제주와 대판 사이에는 직항로가 개설되었다. 이에 따라 제주인들은 대거 일본으로 출가하기 시작했는데, 1930년을 전후해서는 대판항을 이용하는 도항자와 귀환자 가운데 제주인들이 부산, 목포 등 제주도 이외 지역 13개 항구에서 왕래하는 자들보다 10배 이상이었다. 또한 이들 제주인 도항자와 귀환자를 합하면 해마다 4만 명이 넘었다. 따라서 제주-대판 항로는 일본인 선박업자들에게는 황금노선으로 인식되었다.

문제는 이 항로가 개설된 이래 朝鮮郵船과 尼崎汽船 등이 독점적으로 운항하고 있었다는 사실이다. 그런데 1928년이 되자 이들 선박업자들은 배 삯을 대폭 인상했다. 이들은 장사가 되자 보다 많은 이익을 얻으려 했고, 일제도 이것을 묵인했던 것이다.

배 삯 인상은 제주인들에게 큰 위협이 되었다. 도민들은 같은 해 4월 자유 도항과 운임 인하를 요구하는 대회를 열고 배 삯을 내리도록 선박 회사에 요구했다. 당연히 그들은 배 삯 인하 요구를 거절했다. 이에 신간회 대판지회는 천왕사 공회당에서 제주도민 대회를 열고, 배 삯 인하와 승객에 대한 대우 개선을 요구하는 결의를 했다. 그리고 실행위원을 선출하여 교섭했으나 원만한 타결을 보지 못했다.

한편 대판 제주인의 배 삯 인하 움직임을 감지한 고순흠 등은 동지들과 상의한 후 자주운항운동을 전개하기로 했다. 이들은 12월에 '제주항해조합'과 '기업동맹기선부'를 설립하고, 제주-대판 간의 독립 항로를 개설하겠다고 했다. 그리고 1928년 12월 1일부터 임대한 第二北海丸을 첫 출항시켰다. 그러나 조직적 기반이 약한 가운데 전개된 이 운동은 곧바로 경영난에 빠지고 말았다. 가맹원이 16명, 출자액 3백 원의 약소한 조직이 기존의 두 선박 회사에 대항하기에는 역부족이었다. 이에 고순흠은 1929년 3월부터 鹿兒島郵船會社의 하객취급 대리점 운영권을 인수받아 운영했다.[33]

고순흠과는 달리 제주도민을 조합원으로 소비조합을 만들고, 조합이 직접 선박을 운영할 것을 계획한 사람은 앞에서도 거론했던 김문준이었다. 그는 1929년 4월 제주도민 유지 간담회를 열고 제주통항조합준비회를 조직하기로 결의했다. 그러나 그는 재일본조선노동총동맹에서 활동하고 있어, 제주통항조합준비회의 일에는 거리를 둘 수밖에 없었다. 그 후 김문준의 뒤를 이은 것은 재일본조선노동총동맹에서 활동하다가 재일본조선노동총동맹이 전협으로서의 해소 후 전협에 가맹치 않았던 문창래, 김달준, 현석헌, 현길홍, 김동인, 성자선 등이었다. 이들은 '우리는 우리 배로'라는 구호를 내걸고, 조합 결성을 위해 활동하며, 「제주동아통항조합 뉴스」를 발행했다.

마침내 대판의 제주인 4,500명을 조직한 준비회는 1930년 4월 21일에 대판의 中之島공회당에서 421명의 대의원과 2,000여 명의 방청객이 참여한 가운데 창립대회를 열었다.[34] 이 동아통항조합은 창립대회 후 발전하여, 120개 지구가 참가해 조합원도 10,000명에 달하게 되었다.

이렇게 1920년대 중 후반에도 제주인은 독자성을 확보하며, 경제적인

---

33) 고순흠은 이 사업으로 동아통항측과 승객 유치 문제로 많은 반목을 빚었다. 그후 그는 운항사업에서는 점차 멀어져갔다.

34) 대회는 조합의 명칭을 '제주통항조합'에서 '동아통합조합'으로 바꿨다. 아울러 다음과 같은 강령을 내걸었다. 1) 경영상의 기술과 방침의 정제, 2) 민주적 자치적 운영, 3) 도항의 자유 획득, 4) 무산계급 운동의 지지.

실리의 추구에도 나섰다. 이러한 모습은 국내 다른 지역 출신에게서는 찾아보기 힘든 집단적인 움직임이었다. 1930년대 이들은 보다 강력한 조직적 기반 위에서 움직이게 된다.

5. 맺음말

이상과 같이 본고는 1920년대 후반 재일 제주인의 민족해방운동의 내용을 당시 주요 운동단체와 절대 다수의 제주인이 존재했던 대판을 축으로 해서 살펴보았다.

머리말에서 밝혔듯이, 재일제주인에 대해서는 선행의 연구가 있어 인물을 중심으로 하는 연구나 한 지역을 중심으로 하는 연구가 새로운 느낌을 주기에는 곤란한 것 같다. 이에 본고는 대표적인 운동 단체 속의 재일제주인을 선택적으로 기술하여 그 내용의 한계를 극복하고자 했다. 지금도 다수의 제주인이 거주하고 있으며, 이에 대한 연구도 축적되어 있는 대판지역을 한 사례로 선정했다. 여기에서 필자는 재일 대판인의 '제주성'이 분명히 오늘날에도 이어져 옴을 확인할 수 있었다.

재일제주인은 1920년대 후반 교통의 편리함으로 그 어느 지역에서 보다 쉽게 도일할 수 있었다. 그리고 이들의 도일은 곧바로 민족해방운동의 주요한 골간이 되었다. 그들은 집단 거주를 통해 재일조선인 사회에서 독자적인 아이덴터티를 형성·발전시켜 갔던 것이다.

특히 1920년대 후반 재일조선인 운동에서 재일제주인을 찾는 것은 그리 어렵지 않다. 단 문제는 그들을 일일이 찾아, 그들의 모습을 개별화시키는 것이 어려웠던 점이다. 분명 그들은 조선사람으로 존재했고, '재일제주인'이었던 것이다. 조선공산당 일본지역 조직과 재일본조선노동총동맹, 재일본조선청년동맹, 신간회, 조선인단체협의회 등과 지역 단위 노동조합 특히 大阪, 兵庫縣 등지의 경우, 이들 재일제주인의 주도성을 의

심하는 사람은 없다.

이들 재일제주인은 지역적 특이성 때문에 외지인 일본에 가서도 강한 지역적 연내의식을 가졌다. 그리고 이것은 곧바로 운동을 지연주의에 기초하게 만들었다. 식민지시대 우리 민족해방운동의 가장 큰 병폐라고 할 때, 우선적으로 거론하는 것이 지연주의이나, 일본에서의 제주지역 출신의 경우 반드시 부정적인 측면보다는 긍정적인 측면도 있었다.

대판은 재일제주인에게 '일본 속의 제주'였다. 이곳의 조선인은 대중적 요구에 토대한 강한 대중조직이 필요했고, 정치적 성격은 민족문제를 통해 발산되었다. 제주인은 김문준과 같은 인물을 통해 운동의 한 가운데 있었다. 물론 고경흠의 경우 국내외를 넘나들었기 때문에 굳이 제주를 통해 거론함이 부정합적일지도 모르나 김문준과는 또 다른 제주인이었다.

김문준은 대중적 요구에 기초한 현실적 투쟁에 항시 주목했다. 그는 재일조선인 대판지역 사회, 특히 제주인 사회에서 높은 신망을 얻었다. 1920년대 후반의 김문준은 그 어떤 다른 재일 활동가 보다 대중과 가까웠다. 이에 반해 고경흠은 수많은 선진적인 문건을 통해, 1920년대 말 조선의 혁명운동을 주도했다.

그런가 하면 일본 자본의 논리에 정면으로 그것도 직접적인 경제적 상황을 극복하는 모습으로 운동을 전개했던 자주운항운동은 우리 운동사에서 찾아보기 힘든 독특한 경제투쟁의 특별한 예였다.

김복진 소고

1. 머리말

사람이 어떤 한 길만을 꼭 가는 것은 아니다. 시대의 변화와 정세에 따라 삶의 장이 바뀌는 것은 누구나 다 인정하는 일이다. 그리고 자신이 처해 있는 장에서, 늘 이방인이 아닌 존재로 생활하는 것도 그리 쉬운 일은 아니다.

그런가 하면 세간에 알려진 것처럼, 한 인물의 행적이나 생각이 꼭 맞지 만은 않는 것 같다. 우리는 한 인물에 대해 살펴 볼 때, 관련 기록이 없거나, 관련자의 증언이 본질적인 내용에 접근하지 못하는 경우가 있어, 보다 다양한 시각에서 접근할 필요가 있음을 가끔 느낀다.

한국사 아니 정확히 말하면 근대 한국미술사에서, 1980년대 이후 가장 주목받는 근대인을 굳이 꼽으라면, 1920년대를 온몸으로 부딪치며 살다간 정관(井觀) 김복진(金復鎭)을 들 수 있다. 김복진은 운동가이자 근대미술 특히 근대비평, 조각의 선구자로 알려져 있다. 이것은 최열과 윤범모, 최태만 등에 의해 이루어진 성과이다. 특히 최열은 그 누구 보다 김복진에 대한 애정이 남다른 것 같다.[1]

본고는 선행한 김복진에 대한 연구와 관련 기록[2]을 통해 1920년대 그

---

1) 최열, 「스승 김복진 탐험」, 정관김복진기념사업회 윤범모·최열 엮음, 『김복진전집』, 청년사, 1995, 331-334쪽.
2) 김복진의 글과 관련 연구는 다음의 책을 참조하면 쉽게 그 내용에 접근할 수 있다.

의 삶의 편린을 정리해 보고자 한다. 선행 연구에서는 그의 행적을 크게
전반기와 후반기로 나누어 살펴보고 있는데, 문제는 그에 대한 연구가
일정하게 있음에도 불구하고, 감히 얘기하건대 상을 조금은 다르게 가져
간 부분이 있다는 점이다. 이에 필자는 1920년대 민족해방운동 속의 그
의 모습과 미술론을 중심으로 또 다른 김복진의 모습을 확인해 보겠다.
 그의 작품에 대해 거론하지 않음은 본고의 큰 한계이나, 다음을 기약
한다. 아울러 윤범모, 최열 등의 선행연구가 없었으면, 본고가 작성될 수
없었음을 미리 밝혀 둔다.3)

 정관김복진기념사업회 윤범모·최열 엮음,『김복진전집』, 청년사, 1995.
3) 김복진과 직접 관련된 주요 단행본, 회고와 논문은 다음과 같다. 최열,『힘의 미학
 김복진』, 재원, 1995. ; 정관김복진기념사업회 윤범모·최열 엮음,『김복진전집』, 청
 년사, 1995. ; 강호,「가프 미술부의 조직과 활동」,『조선미술』, 1957, 5. ; 한설야,「카
 프와 김복진」,『조선미술』, 1957, 5. ; 박팔양,「프로레타리아 미술 운동의 선구자 김
 복진 동지에 대한 나의 회상」,『조선미술』, 1957, 5. ; 리국전,「조각가 정관(井觀)
 김복진 선생」,『조선미술』, 1957, 5. ; 문석오,「김복진과 그의 조각」,『조선미술』,
 1957, 5. ; 박세영,「내가 본 조각가 김복진 선생」,『조선미술』, 1957, 5. ; 박승구,「선
 생을 회고하면서」,『조선미술』, 1957, 5.(『김복진전집』, 청년사, 1995.) ; 선우담,「김
 복진 선생 회상의 한 토막」,『조선미술』, 1957, 5. ; 이경성,「근대조각의 선각-정관
 김복진」,『예술원 논문집』(10), 1971.(『近代韓國美術論攷』, 一志社, 1992에 실림) ;
 문명대,「김복진의 조각세계I」,『한국 현대미술의 흐름』, 일지사, 1988. ; 최열,「김
 복진의 형성미술이론」,『미술연구』가을호, 1993, 10. ; 최열,「조선 조각의 스승 김복
 진」,『미술세계』 1993, 12. ; 고종석,「김복진」,『발굴 한국현대사 인물』(3), 한겨레신
 문사, 1993.(한겨레신문 1991. 5. 3.) ; 최열,「최초의 근대 조각가 金復鎭의 미술이론
 」,『월간미술』 1994, 9. ; 윤범모,「반세기 동안의 망각, 김복진의 발자취를 찾아서」,
 『가나아트』(41), 1995, 1·2. ; 최태만,「김복진에 있어서의 근대성 문제」,『가나아트』
 (41), 1995, 1·2. ; 최열,「김복진과 그의 제자들」,『가나아트』(41), 1995, 1·2. ; 최
 열,「김복진 연보」,『가나아트』(41), 1995, 1·2, 윤범모,「반세기 동안의 망각, 김복
 진의 발자취를 찾아서」. ; 정관김복진기념사업회 윤범모·최열 엮음,『김복진전집』,
 청년사, 1995.(이 글은「김복진 유존작, 불상 조각들」,『월간미술』, 1995. 6,「조각가
 김복진의 항일미술운동」,『월간미술』, 1995. 7를 수정하여 재구성한 것이다.), 최열,
 「김복진의 후기 미술비평」, 한국근대미술사학회,『한국근대미술사학』(4), 1996.
 기타 관련 자료는 다음과 같다. 이반송·김정명 지음, 한대희 편역,『식민지시대 사
 회운동』, 한울림, 1986. ; 주요한『安島山全書』(上)(傳記 篇), 汎洋社出版部, 1990. ;
 國家報勳處,『獨立有功者功勳錄』(11卷), 1994. ; 김복희『아버지 팔봉 김기진과 나의
 신앙』, 정우사, 1995. ; 최태만,『한국 조각의 오늘』, 한국미술연감사, 1995. ; 강만

2. 김복진 연보

김복진 보다 우리는 김기진에 대해 더 잘 알고 있다. 아니 정확히 말하면 더 알려져 있다고 하겠다.

김복진의 연보4)를 1920년대의 조직 활동, 글 그리고 주요 미술관련 활동을 중심으로 간단히 정리해 보면 다음과 같다.

- 1901년 11월(음력 9월) 충북 청원군 남이면 팔봉리 팔봉산 기슭에서 출생.
- 1914년 첫 결혼.
- 1915년 3월 영동공립보통학교 졸업.
- 1917년 봄 배재고등보통학교 입학, 「황혼의 경성」(『매일신보』) 발표.
- 1918년 박영희, 이서구, 김기진 등과 반도구락부를 조직.
- 1919년 3월 3. 1운동에 참가.
- 1920년 9월 동경미술학교 조각과 선과생으로 합격.(지도교수:高村光雲)
- 1921년 여름 방학을 이용해 귀국. 이후 정백 등과 교류. 서울청년회와 관계를 갖기 시작한 듯 함.
- 1922년 5월 박승희, 연학년, 이서구, 박승목, 임노월, 김명순, 이제창, 김기진과 토월회 구성.
- 1923년 7월 이승만, 윤상열, 원우전, 이제창과 토월미술연구회 조직.

길·성대경 엮음, 『한국사회주의운동 인명사전』, 창작과 비평사, 1996. ; 「이현상과 1928년의 학생공산당 사건」, 『역사비평』(3), 1988, 겨울. ; 졸고, 「조선공산당의 투쟁과 해산」. ; 한국역사연구회 1930년대 연구반 지음, 『일제하 사회주의운동사』, 한길사, 1991. ; 최석태, 「미술분야의 일제잔재」, 『일제잔재 19가지』(무크/친일문제연구<창간호>, 가람기획, 1994.), 「김복진 등 공산당 사건 판결」. ; 정관김복진기념사업회 윤범모·최열 엮음, 『김복진전집』, 청년사, 1995. ; 「김팔봉」, 『친일변절자 33인』(무크/친일문제연구<제2집>, 가람기획, 1995.). ; 박철하, 「고려공산청년회의 조직과 활동(1920-1928)」. ; 한국역사연구회 근현대청년운동사 연구반 지음, 『한국 근현대 청년운동사』, 풀빛, 1995. ; 윤범모, 「프롤레타리아 미술운동」, 『근대 유화 감상법』, 대원사, 1997.

4) 최열의 연보가 자세하다. 강만길·성대경 엮음, 『한국사회주의운동 인명사전』, 창작과 비평사, 1996, 76쪽.

- 1923년 7월 『개벽』에 「자작상」이 사진 도판으로 실림.
- 1923년 8월 토월미술연구회 회원을 중심으로 YMCA 정측강습원에 미술연구소 개설.
  박영희, 김기진, 김석송, 안석주, 이익상, 김형원, 연학년과 파스큐라 조직.
- 1924년 9월 초 각기병에 걸려 귀국.
- 1925년 1월 「여인입상」이 제국미술전람회에 입선.
- 1925년 2월 배제고등보통학교, 경성여자상업학교 도화교사로 출강.
  효자동의 야학 고학당에 강사로 출강.
- 1925년 3월 30일 『조선일보』에 첫 비평 서화협회 전람회평 발표.
- 1925년 5월 조선미술전람회 공모전에 「3년전」, 「나체습작」을 응모하여 3등상과 입선함.
- 1925년 6월 『조선일보』에 「제4회 미전 인상기」를 발표, 20세기 첫 조각비평을 함.
- 1925년 7월 종로구 관철동 이인의 집에서 박영희 그리고 염군사 동료들과 조선프롤레타리아예술동맹 조직을 논의함.
- 1925년 8월 24일 조선프롤레타리아예술동맹 창립, 서열 1위, 중앙위원. 강령과 규약 기초.
  1927년 시기 카프 산하의 학생극 연구단체 '신건설' 결성에 참여.
- 1925년 10월 YMCA 정측강습원 미술연구소에서 본격적으로 조각 교육. 수묵화, 채색화, 유채화, 조각, 미술사, 원근법, 해부학을 강의.
- 1926년 1월 『개벽』에 「조선역사 그대로의 반영인 조선미술의 윤곽」을 발표.
- 1926년 1월 『문예운동』 발행을 주도.
- 1926년 5월 제5회 조선미술전람회에 「여」를 응모하여 특선.
- 1926년 6월 『대중신문』에 집필자로 참가.
- 1926년 6월 『개벽』에 「미전 제5회 단평」을 발표.
- 1926년 7월 제7회 제국미술전람회에 「입녀상」이 입선.
- 1926년 12월 제3차 조선공산당에 참가, 당의 강령 초안 작성.
- 1927년 1월 『별곤건』에 「경성 각 상점 간판 품평회」를 발표.
  『조선일보』 1월 4-5일자에 「조선화단의 일년」 발표.
- 1927년 5월 『조선지광』에 「나형선언 초안」을 발표.

- 1927년 6월 고려공산청년회에 가입하여 경기도 야체이카.
- 1927년 8월 김은호, 김창섭, 안석주, 이승만, 임학선, 신용우, 유경목 등과 '조선 미술의 창조'를 내걸고 창광회를 조직.
- 1928년 3월 제4차 조선공산당 경기도당 위원, 고려공산청년회 중앙위원 및 선전부원, 경기도 책임비서, 학생부 책임자 역임.
- 1928년 5월 1927년 9월 김주경이 「평론의 평론」을 발표하여 김복진이 수묵, 수채화를 비평하는 것은 올바르지 못하다고 비판하자 『동아일보』에 「제7회 미전 인상평」을 쓰고 반비판.
- 1928년 8월 이승만의 집에서 일본 경찰에 의해 체포. 진술을 거부하고 고문에 시달림, 신경쇠약 후유증을 앓음.
- 1930년 11월 경성지법에서 징역 4년 6월 선고받음.
- 1934년 2월 서대문형무소에서 만기출소.

감옥에 들어간 김복진은 밥을 짓이겨 조각을 만들었고, 이것이 간수들의 눈에 띠어, 목공소에 출입하면서 목조 불상을 제작했다고 한다.

이후 감옥에서 나온 그는 애지사 창립에 참가했고, 『청년조선』을 발행해 일본 경찰에 의해 체포당하기도 했다. 아울러 1935년부터 3년간 『중앙일보』 기자로 근무했으며, 1939년 법주사 미륵대불 제작에 참여했다. 1940년 8월 18일 밤 11시 30분 경성제국대학교 부속병원에서 사망했다. 이렇게 김복진은 출옥 이후에 조직사업의 전면에 나서지 않고, 주로 후진양성을 도모했던 같다.

3. 민족해방운동가로서의 김복진

1920년대 김복진이 조직하거나 참가한 단체는 반도구락부, 토월회, 토월미술연구회, YMCA 정측강습원 미술연구소, 파스큐라, 조선프롤레타리아예술동맹, 신건설, 조선공산당, 고려공산청년회 등과 그리고 1921년 시기부터 서울청년회와 어떤 형식으로든지 조직적으로 관련되어 있었던

것 같다. 그의 조선프롤레타리아예술동맹과 조선공산당에서의 활동을
보면 다음과 같다.

1) 조선프롤레타리아예술동맹5)

조선프롤레타리아예술동맹은 염군사의 구성원과 파스큐라의 성원이
1925년 8월 24일 창립했는데, 주로 문학평론을 했다.

창립 당시의 조직구성을 보면, 위원으로 김복진, 김기진, 이량, 박영희,
최승일, 안석주의 이름이 보이고, 동맹원으로는 이기영, 박영희, 조명희,
홍기문, 김기진, 김복진, 안석주, 권구현 등 22명이었다. 특히 카프는
1926년 1월 기관지 『예술운동』을 발행했는데, 김복진은 표지를 장정하고
「주제강조의 현대미술」이라는 글을 발표했다.6)

그런데 1926년 말부터 카프 내부에서 계급성를 강조하는 박영희와 형
식의 중요성을 강조하는 김기진 사이에서 형식과 내용에 대한 논쟁이
전개되었다. 이 논쟁은 김기진이 자신의 설을 철회하여 끝나고, 이후 이
것을 계기로 1차 방향전환이 이루어진다. 그것은 1927년 9월 1일 임시총
회를 통해 마무리되었다.

카프에서 김복진은 알려진 것처럼 서열 1위로 중앙위원이었고, 강령
과 규약을 기초했다. 이와 함께 카프의 외곽조직인 창광회에 관여하여,
카프 내의 독자적인 미술가그룹을 형성하며, 미술계에서 세력 강화에 노
력했다. 당시 프로 미술가들은 선전활동과 유기적으로 결합되어 있었고,
노동·농민운동에 관여했다. 그것은 당시에 살포되었던 포스터, 전단 등
의 작업을 이들이 주로 담당했던 역할에서 확인할 수 있다.

특히 김복진과 관련하여 주목되는 것은 카프 미술부의 조직과 활동이
다. 카프 미술의 본격적인 발전과 활동은 1927년 카프의 재조직과 함께

---

5) 약칭하여 카프(KAPF)라고 한다.
6) 최열, 『한국현대미술운동사』, 돌베개, 1991, 40쪽.

카프 내에 미술부가 조직된 이후이다.[7] 이 시기 주요 구성원은 강호, 임화, 이주홍, 이상대, 추민, 이갑기, 정하보, 박진명 등이었다.

카프 미술가들은 미술 작업을 하고 동시에 전람회 개최를 끊임없이 준비했다. 1929년부터 계획했던 전람회는 일본 경찰의 허가를 받지 못해 언제나 성공을 거두지 못하다가 1930년 성공을 거두었다.[8] 그것은 일본 프롤레타리아미술동맹에서 일하던 정하보가 일본 작가들의 작품을 가지고 귀국한 것이 계기가 되었다. 작품의 서울 도착과 함께 허가를 일본 경찰에 신청했으나, 여의치 않았다. 그런데 카프 수원지부 박승극[9]의 발의로 수원에서 전람회가 개최될 수 있었다.

수원 전람회는 일대 사건이었다. 수원 시내의 청년학생들과 일반 시민, 공장 노동자들은 일을 중단하고 달려 왔고, 인근 농촌에서도 전람회를 구경하러 가서 전람회장은 입추의 여지가 없었다. 결국 3일만에 일본 경찰에 의해 전람회는 중지 당하고 말았다.

수원에서의 이 프롤레타리아 미술전람회는 화폭에 있어 일본 작가들의 작품이 우세했으나, 점수에 있어서는 카프 미술가의 작품이 더 많았다. 여기에 유화로 출품된 것은 정하보의 「공판」(일명 당원), 이상대의 「레닌상」이었고, 기타 만화, 포스터가 수십 점이 전시되었다.

프롤레타리아 미술전람회와 함께 전국 무산아동 작품전람회가 있었

---

7) 이에 대한 자세한 내용은 별도의 주가 없으면 다음을 참조. 강호, 「가프 미술부의 조직과 활동」, 『조선미술』, 1957, 5.
8) 외형상으로는 미약한 「기림」에 불과했지만 실제로 농민들에게 미치는 예술적 효과는 컸다고 한다.(朴英熙, 「1930年 朝鮮푸로藝術運動」, 『朝鮮之光』(94), 1931. 1, 2쪽.)
9) 그의 주요 행적을 정리해 보면 다음과 같다. 1920년대 후반 수원청년동맹 간부, 1929년 11월 조선청년동맹 정기대회 해금교섭위원, 1931년 5월 신간회 전체대회에 수원 대표로 참가하여 중앙집행위원으로 선출, 수원적색노동조합 결성을 지도, 수원 노동학원 운영을 지도, 수진농민조합을 지도 해방 후 1946년 2월 민주주의민족전선 결성에 참여하여 경기지부 선전부장 및 중앙위원을 역임, 1948년 8월 해주에서 열린 남조선인민대표자회의에 출석하여 제1기 최고인민회의 대의원으로 선출.(강만길·성대경 엮음, 『한국사회주의운동 인명사전』, 창작과 비평사, 1996, 196-197쪽.) 한국전쟁 시기 사망.

다. 이것은 송영과 박세영이 직접 지도하던 잡지 『별나라』가 주최했는데, 『별나라』가 가지고 있던 광범위한 지사망을 통해 전국 각지의 아동 작품을 현상 모집하는 방식으로 거행되었다. 『전국 무산 아동 작품 전람회』라는 프랭카드는 서울 시민들에게 일대 충격이었다. 아울러 일하는 소년들의 예술적 표현 능력과 사상, 의식의 수준은 보는 이로 하여금 경탄하지 않을 수 없게 만들었다.

카프 미술부는 파업투쟁에 미술가들을 파견하고, 삐라, 포스터, 만화, 속사화 등으로 노동자들의 계급의식 고양에 노력했다. 특히 카프 미술부는 출판물을 통한 미술활동에도 전력을 다해, 『예술운동』, 『집단』, 『별나라』, 『신소년』 등의 표지 장정, 삽화, 선전 포스터 등을 그렸다. 아울러 카프 작가들의 단행본 표지도 제작했다.

이와 함께 카프 미술부는 무대미술에도 적극적으로 참가했는데, 일찍이 김복진은 1922년 이후 토월회 연극활동 시기에 본격적인 무대미술을 주도했다.

1935년 일본 경찰의 카프에 대한 탄압으로 미술부도 조직적 활동을 마쳤다. 그러나 카프 미술가들은 일제의 탄압에도 불구하고 조직사업을 계속하여, 1936년 추민, 강무, 김일영 등이 광고미술사를 발족하여 활동했다.

2) 조선공산당

김복진은 김사국, 정백, 이성태 등의 서울청년회계의 사회주의자들과 교분을 갖고, 조선의 민족해방운동에 깊이 관여한 것 같다.[10]

특히 1927년과 1928년의 그의 정치적 활동은 창작활동에 영향을 끼쳐 작품이 거의 제작되지 않았다.[11] 그는 1926년 12월 제3차 조선공산당에

---

10) 최열, 「최초의 근대 조각가 金復鎭의 미술이론」, 『월간미술』 1994, 9, 202쪽.
11) 그러나 미술연구소에서 제자들에 대한 조각교육과 지원은 지속되었다. 최열, 『힘

참가하여 당의 강령 초안을 작성했는데, 당시 한설야와 견지동의 조선프
롤레타리아예술동맹 사무실에 숙식하며 운동에 헌신했다. 이런 가운데
조선프롤레타리아 문예운동에서 기념비적인 글인 「나형선언 초안」을
1927년 5월 『조선지광』에 발표했다.

예술운동과 전위운동을 넘나들며 활동하던 김복진은 1927년 6월 고려
공산청년회에 가입하여 경기도 야체이카로 배속되었고, 제3차 조선공산
당대회12)와 그 이후의 조직사업을 주도했다.

김병환의 집에서 열린 이 대회는13) 1928년 2월 27, 28일 즉 27일 오후
10시부터 다음날 새벽 2시까지 열렸다. 주요 토의 및 결의 사항을 보면,
전형위원의 선거와 함께 조선공산당의 당칙을 통과시킨 것, 「상해 코민
테른기관으로부터 조선공산당에 대한 코민테른 결정서」, 「국내정세에
관한 보고」, 「민족해방운동에 관한 논강」 등을 논의했던 것을 들 수 있
다. 이 가운데 안광천이 기초했던 「민족해방운동에 관한 논강」은 제4차
조선공산당의 정치노선을 알 수 있는 문건으로, 여기에서 안광천을 비롯
한 당의 지도부는 몇 가지 주요한 대목을 정리했다.

우선 1926년이래 조선의 프롤레타리아트의 투쟁이 정치투쟁으로 전환
하고 통일전선을 결성하는 데 큰 성공을 거두었다면서, 신간회는 민족해
방운동의 현 단계에서 필요한 산물이라고 했다. 아울러 당시 조선의 상
황이 봉건적 유제가 잔존해서 국민적 공업의 발달이 불가능하며, 프롤레
타리아트의 발달이 유약하고, 인구의 거의 전부가 빈농, 소작인인 식민
지적 상태라면서도, 조선의 민족해방투쟁이 노동자계급의 선도투쟁으로
승리가 가능하다고 했다.

의 미학 김복진』, 재원, 1995, 63쪽, 한설야, 「카프와 김복진」, 『조선미술』, 1957, 5,
참조)
12) 이 당대회를 차금봉과 김복진이 총괄했다고 한다.(「이현상과 1928년의 학생공산당
사건」, 『역사비평』(3), 1988, 겨울, 348쪽.)
13) 자세한 내용은 졸고, 「조선공산당의 투쟁과 해산」, 한국역사연구회 1930년대연구
반, 『일제하 사회주의운동사』, 한길사, 1991, 참조.

특히 대중운동의 조직화와 자치운동에 대해 단호하게 반대하면서 조선의 장래 권력형태를 인민공화국이어야 한다고 전제하고, 조선에 소비에트공화국을 건설하려는 것은 좌익소아병적 견해이고, 부르주아공화국을 건설하려는 것은 우경적 견해라고 규정했다.

제3차 조선공산당대회 이후에 김복진은 제4차 조선공산당 경기도당위원, 고려공산청년회 중앙위원 및 선전부원, 경기도 책임비서, 학생위원회 위원장도 맡아 학생운동을 지도했다.[14)]

그의 활동은 주로 학생세포를 조직하는데 모아졌다. 조선학생과학연구회, 기독교청년회관, 경신학교, 배제학교, 중앙학교, 보성학교, 제일고보 안에서 그 작업을 진행하여, '학생들의 자치', '일본군의 중국 출병 반대', '식민지 교육제도 반대' 등을 슬로건으로 내걸고, 전국적인 규모의 동맹휴교를 추진했다.

이렇게 김복진은 공산사회의 실현을 이상으로 하여, 조선 혁명에 대해 우선 이를 용납하지 않는 일본 제국주의의 지배를 배제하고, 조선의 독립을 도모하여 사유재산제도를 부인하며, 프롤레타리아독재의 사회를 수립하여 공산제도의 사회를 실현할 것을 열망했다.

4. 김복진의 1920년대 미술론

대체로 1920년대에 전개된 프로 미술의 주장은, 부르주아지와 프롤레타리아로 나누어져 있는 사회에서, 프롤레타리아계급에 복무하는 미술을 실천한다는 입장이었다.[15)]

---

14) 「秘密結社朝鮮共産黨並ニ高麗共産靑年會事件檢擧ノ件」, 梶村秀樹・姜德相 編, 『現代史資料』(29), 90쪽, ; 「이현상과 1928년의 학생공산당 사건」, 『역사비평』(3), 1988, 겨울, 352-353쪽. ; 졸고, 「조선공산당의 투쟁과 해산」, 한국역사연구회 1930년대 연구반 지음, 『일제하 사회주의운동사』, 한길사, 1991.
15) 윤범모, 「프롤레타리아 미술운동」, 『근대 유화 감상법』, 대원사, 1997, 63쪽.

전술했던 것 같은 선진적인 운동 경험을 가진 김복진은 1925년 동경
미술학교를 졸업하던 때부터 프롤레타리아 미술론을 개진했다.[16] 그는「
조선역사 그대로의 반영인 조선미술의 윤곽」(『개벽』 1926. 1),「신흥미술
과 그 표적」(『조선일보』 1926. 1. 2)[17] 그리고「裸型宣言 草案」(『조선일
보』 1927. 1. 4-5, 『조선지광』 1927. 5)을 통해 한국미술사와 일본 미술의
흐름, 미학, 미술론과 미술운동론을 정리했다.[18] 본고에서는 일단 그의
미술인식의 틀을 확인해 보겠다.

그는「조선역사 그대로의 반영인 조선미술의 윤곽」에서 토착미술의
변화를 통해 우리의 미술사를 정리했다. 그는 토착미술의 변질은 한사군
에 기원을 두고, 당시에 중국의 미술이 종교와 결합되어 노예화의 수단
으로 작용했다는 것이다. 이후 우리 미술은 피침략의 역사와 함께 착취
계급의 미술만 발전을 거듭했다고 인식했다. 그리고 민족의 정서로 '패
퇴 심정'이 자리잡게 되었다고 한다.[19]

특히 김복진은 일제의 침략으로 이전에 보지 못했던 외래미술이 발기
한 사실에 주목했다. 그리고 이것은 재래미술의 패배로 귀결된다고 생각
했다. 아울러 서화협회, 고려미술원, 삼미회, 창미사 등의 단체가 특권계
급의 목적을 달성하기 위해 성립한 것으로 비판하고 있다.

그는 신라의 불상에서 조석진까지의 미술작품을 생활과 다수의 민중
에서 유리된 미술로 규정하고, 종교에 대한 마르크스주의적 이해에 기초
하여 종교미술을 신랄하게 비판하며, 이것이 민중을 마취시켜 왔다고 보

---

16) 최열,「최초의 근대 조각가 金復鎭의 미술이론」,『월간미술』 1994, 9 204쪽.
17) 이 문건들은 YMCA 정측강습원 미술연구소에서 강의한 강의안이다.(최열,『힘의
    미학 김복진』, 재원, 1995, 53쪽.)
18) 이와 함께 전술했듯이 『문예운동』에 「주제강조의 현대미술」이란 글이 있다.
19) 이러한 김복진의 견해에, 최열은 한사군 이전의 토착미술의 성격과 변화에 주목하
    지 못한 점과 민중미술에 무관심한 점을 문제로 지적했다. 아울러 김복진이 조선
    역사를 중국 침략 반복의 역사로 잘못 인식했다고 한다.(최열,「최초의 근대 조각
    가 金復鎭의 미술이론」,『월간미술』 1994, 9, 205쪽.) 이러한 사실을 통해 김복진은
    당시 한국사를 일제가 편찬한 '보편적인' 내용으로만 인식했던 것을 알 수 있다.

았다. 결론적으로 김복진의 조선미술에 대한 전망은 자멸 그 이상이 아니었다. 계급적 입장도 중요하지만 미술 자체의 예술적 미도 부정할 수 없다. 이러한 측면에서 볼 때, 그의 조선 미술에 대한 시각은 계급지상주의적이었다.

그런가 하면 김복진은 「신흥미술과 그 표적」을 통해 입체파와 미래파에 대한 분석과 이를 토대로 일본 미술의 흐름을 소개하고 있다. 그는 새로운 일본 내의 미술운동의 흐름을 필연적인 현상으로 보고, 그것은 일본 전래의 우상숭배에 기초한 '전형화된 사상', '허망한 妖態'로부터 기원한다고 보았다.

그는 이러한 일본 내의 신흥미술을 부르주아지의 것으로 보고, 신흥미술이 신경의 말단에 파괴적이며, 폭력적으로 작용한다고 했다. 또한 김복진은 신흥미술의 계급적 본질에 접근하여, '파괴와 방화'의 내용을 구분하기도 했다.

분명히 김복진은 계급적 시각에서 미술가의 자세와 임무를 현실생활과 결부시켰고, 사회적 요구를 반영함으로 그 존재 가치가 있다고 생각했다. 그리고 이에 따라 인간의 고통과 사회의 악을 그려야 한다고 믿었다.

1927년 5월 발표한 「나형선언 초안」은 그의 미학, 미술운동론, 조직론을 완성한[20] 백미이다. 그러나 검열에 의해 전체 모습이 완전하지는 않다.

그는 여기에서 예술의 초계급성을 부인하고, '무산계급 예술의 존재권'을 제창하며, 이것의 획득을 강조했다. 아울러 목적의식적인 투쟁, 정치적 의미를 내포한 예술론을 피력했다. 특히 미술운동의 성격을 보면, '예술로서의 예술'을 조소하고, 계급적 운동과 통일성을 갖는 '형성예술운동의 집단적 행동'을 강조했다. 그리고 임무를 다음과 같이 규정했다. 첫째 예술가들을 집단적으로 조직할 것, 둘째 초계급적 예술을 부정할 것, 셋째 소시민의 비위에 적응하는 순옥미술, 예술을 위한 예술을 거부

---

20) 최열, 「최초의 근대 조각가 金復鎭의 미술이론」, 『월간미술』 1994, 9, 210쪽.

할 것, 넷째 무산계급예술의 존재권을 제창·전취할 것, 다섯째 비판미
술로 약진할 것, 여섯째 계급운동이 고층단계로 진보한 것처럼 그 단계
에 일치하는 수준의 집단적 행동을 전개할 것, 일곱째 계급운동의 임무
에서 주어지는 분야적 임무로써 정치적 임무를 실천할 것.[21)

이와 함께 김복진은 형성예술이론에 기초하여 부문운동으로서의 예
술, 미술운동을 전체 민족해방운동 속에서 사고했다. 여기에서 더 나아
가 형성예술단의 조직과 동맹으로의 결합을 조직론 상에서 피력했다. 그
는 미술운동의 독자성과 전체운동에서 점하는 위상을 분명히 함으로 미
술운동, 미술가의 역할을 구체적으로 피력했던 것이다.

그런가 하면 김복진은 1925년부터 1928년에 걸쳐 비평을 발표하여,
나태한 조선미술계의 비평의 수준을 크게 제고해 냈다.[22) 그는 현실투쟁
을 통해 항상 탁월한 현장감을 갖고, 당대 미술을 날카롭게 비평했다.
그의 거시적인 비평 태도는 이후 누구도 근접하기 힘든 내용들로 채워
져 있었다.[23)

---

21) 최열, 『한국현대미술운동사』, 돌베개, 1991, 50-51쪽.
22) 1927년 『조선일보』의 1월 4-5일자 글 「조선화단의 일년」에서 당시 김복진은 향토
   성을 회고적이고 전통적인 취미 따위로 해석하지 않고, 오히려 그것에 대해 모반
   을 도모했다. 그가 중요하게 생각한 것은 새로운 예술과 그것을 이끌고 나가는 힘
   이며, 따라서 참된 향토성, 민족성의 구현이란 '생명력과 형식미의 주관화'를 어떻
   게 성취하느냐에 달려있다고 보았다. 김복진 미학의 속 알맹이는 힘의 미학이었다.
   당시 그는 조선프롤레타리아예술동맹의 중앙위원으로 전위운동과 예술운동을 주
   도해 갔다. 스스로 제창했던 대안으로써의 비판미술을 제대로 구체화시키지는 못
   하고 있었다고 하더라도 그 때 조선에서 발표를 꾀한다고 하는 것은 엄두를 낼
   수 없었다. 따라서 발표 가능한 소재를 통해 그것이 비판 미술이든, 프로 미술이
   든, 또는 새로운 예술·미술이든 아니면 여성 나체 작품이든, 그 모든 것을 꿰는
   하나의 잣대이자 유일한 길인 '힘의 미학'을 조선 미술 동네에 폭발시켰던 것이
   다.(최열, 『힘의 미학 김복진』, 재원, 1995, 61-62쪽.)
23) 임화가 김복진의 미술운동론을 발전시켰다고 보기도 한다.(최열, 『한국현대미술운
   동사』, 돌베개, 1991, 56쪽.)

5. 맺음말

한설야는 김복진을 회고하는 글에서 다음과 같은 얘기를 전하고 있다.

> 「그런데 하루는 카프 미술부 맹원인 어느 동무가 나에게 이런 말을
> 하였다.
> 『김복진 동무는 사람이 너무 좋아, 제자들의 일이라면 아홉 폭 치마
> 줍다고 싸 주는데 제자 놈들은 선생에게 대해서 아주 데식은하단말
> 야. 김복진 동무가 그렇게 애 쓰고 쫓아다닐 것이 없는데 걱정도 팔
> 자가봐』라고 말해서 내가 한번 김복진 동무에게 그런 이야기를 했더
> 니 그는 거저 빙긋이 웃을 뿐 그 뒤에도 여전히 그의 로파심은 변할
> 줄을 몰랐다.」(원문 그대로)

제자에 대한 그의 사랑은 여러 글 속에서 확인되는데, 이와 함께 그의
인간됨은 다음의 글에서 보다 선명하게 드러난다.

> 「여러 가지 일화들이 많으나 하나를 소개한다면 선생이 형무소에서
> 출옥할 때 그의 집에서 차입한 의복은 옷 없는 동지들에게 주고 자
> 기는 조선 고의 적삼을 입고 맨발에 짚신을 신고 나왔다.」(원문 그대
> 로)(이국전의 「조각가 정관 김복진 선생」에서)

> 「내가 그를 찾은 것은 바로 그가 감옥에서 나오던 다음 날 아침인
> 데 그때 그는 총총히 무슨 짐을 꾸리고 있었다. 무엇이냐고 물었더니
> 그는 감옥에 같이 있던 동무들 중에서 시골 가는 동무에게 자기가
> 가지고 있던 책자를 선물로 보내 준다는 것이었다. 『그들은 나보다도
> 더 구차하니까 더욱 시골 가면 책을 얻어 볼 수 없을 것이다』 김복
> 진이 이렇게 말하는 것을 들으며 나는 못내 감격에 잠겼다.」(원문 그
> 대로)(한설야의 「카프와 김복진」에서)

그의 사람됨[24]을 사랑하는 '김복진 교도' 최열은, 그를 문명비평가를
꿈꾸었던 식민지 청년으로, 진보적 사상과 미학을 지닌 식민지 조선의

항일 사회주의자요, 민족 해방을 꿈꾸는 문예운동가로, 또한 조각가이자 미술평론가, 교육자로 평가했다.[25]

　윤범모와 최열은 김복진이 남긴 근대미술사의 업적을 다음과 같이 평가하고 있다.[26]

　「첫째, 그는 근대성을 추구한 미술가로서 당대 탁월한 미학을 올곧게 세워 놓았다. 근대 리얼리즘 미학을 충분히 수용하는 가운데 민족 전통을 계승하면서 '적극성과 동세의 미학'을 확립시켰던 것이다.
　둘째, 김복진은 자신의 미학에 따라 창작에서도 서구의 리얼리즘 양식과 민족 전통 양식을 조화롭게 구현했다. 안타깝게도 작품들이 남아있진 않지만 사진 도판과 더불어 20세기 최고 수준에 이르른 불상이 현존해 있거니와 그것만으로도 그의 뛰어난 조형세계를 넉넉하게 헤아릴 수 있을 정도이다.
　셋째, 김복진의 예술론 및 비평 또한 우리 근대미술에서 더할 나위 없는 가치를 지니고 있다. 당대 진보적인 사상과 미학을 바탕에 깔고 있으면서도 우리 근대미술이 당면한 문제들 이를테면 조선향토색, 민족성, 근대성, 계급성, 창작방법론 등에 관해 진지하게 다가서는 가운데 참된 문제의식으로 풀어나갔다. 특히 비평에서도 '지도로서의 비평관'을 갖고서 날카로운 안목을 과시하여 근대 비평정신을 철저하게 구현했던 것이다.
　넷째, 김복진은 동경미술학교 시절부터 토월미술연구회를 조직하기 시작하여 세상을 뜰 때까지 미술연구소를 운영하는 등 조각가들을 길러낸 근대조각의 스승이었다. 근대 조각가들 가운데 김복진의 그늘을 벗어난 경우가 거의 없을 정도였다.
　다섯째, 김복진은 문예운동 및 사회주의 운동에 참가한 민족해방운

24) 그는 열넷에 결혼해 첫날 밤을 소박놓은 일이 있고, 이후 여성에 대한 죄의식이 잠재의식 속에 내재되어 있어 나체 모델 작업을 함에 있어 대상과의 일정한 거리를 유지하며, 자신이 밀고 나가려 했던 미학을 향후에도 훌륭하게 실현시켰다.(최열, 『힘의 미학 김복진』, 재원, 1995, 29쪽.)
25) 최열, 「최초의 근대 조각가 金復鎭의 미술이론」, 『월간미술』 1994, 9, 213쪽.
26) 그들은 '몇가지로 나눠 볼 수 있다'고 했다.(정관김복진기념사업회 윤범모·최열 엮음, 『김복진전집』, 청년사, 1995, 401-402쪽.)

　　동가로서 토월회, 파스큐라, 조선프롤레타리아예술동맹, 조선공산당,
　　창광회, 조선미술원과 같은 여러 조직의 지도적인 인물이었다.」

　김복진은 청년비평가로, 현실 속의 이론을 갖고 실천 투쟁을 수행하
며, 동시에 문예운동을 주도했던 당대 최고의 지성이었다. 치밀한 분석
력과 날카로운 통찰력을 겸비한 그의 미술론은 1920년대 진정한 계급적
토대 하에서 구축된 민중미술론의 초석이었다. 단 계급지상주의적 내용
이 없지는 않았지만 말이다.

민족해방운동가 차금봉 연구

1. 머리말

1910년 일제에 의해 식민지가 된 조선은 1945년 해방될 때까지 가혹한 수탈과 착취를 받았다. 그럼에도 불구하고 조선은 일제의 수탈과 착취에 굴하지 않고, 민족의 해방을 위해 투쟁했다. 식민지시대 이전부터 계속되어온 개화운동, 갑오농민전쟁, 독립협회운동, 반일의병운동, 애국계몽운동 등은 1910년 이후 일제에 대한 전민족적 투쟁으로 계승 발전되어, 3·1운동과 노동·농민운동, 청년·학생 중심의 사회주의 운동과 형평운동, 여성운동 기타 사회운동 등을 잉태했다. 또한 해외에서는 중국 관내와 동북 3성지역, 연해주, 일본, 미주지역에서 다양한 방식의 투쟁이 계속되었다.

본고는 제국주의 일본의 지배에 주체적으로 대응한 조선 민중 가운데, 일생을 통해 민중이 민족해방운동의 중심임을 비타협적으로 실행에 옮긴 여러 활동가 가운데, 역사 속에서 감추어져 잘 알려지지 않았던 인물, 차금봉에 대해 살펴보려고 한다. 차금봉을 구체적으로 파악하고자 하는 이유는, 첫째 노동자가 계급 투쟁의 전선에서 어떻게 성장하여 선진적 활동가가 되었는지 알아보기 위해서이고, 둘째로 일제에 대해 민중이 구체적으로 어떻게 투쟁했으며, 이 과정에서 어떻게 민중이 성장하여 민족문제의 해결이 계급적 각성을 통해서만 올바르게 해결할 수 있다고 인식하게 되는지 살펴보기 위해서이다.

차금봉의 약력을 살펴보면, 그는 조서상으로는 明治 21(1888)년 12월 8일 출생한 것으로 되어 있다. 그러나 그가 서대문 감옥에서 죽었을 때 31세로 되어 있는 것으로 보아 1899년에 태어난 것 같다.[1] 그는 경성 화천동에서 태어나 미동공립보통학교를 졸업하고, 서울역 철도기관의 화부 견습공으로 취직, 기관수가 되었다. 3·1운동 때에는 노동자 투쟁을 지도했는데, 노동의 중요성을 인식하고, 조선노동공제회의 발기에 가담, 지도했으며, 조선노농총동맹의 창립 및 중앙대위원으로 조직활동을 전개했다. 조선노동총동맹에서는 중앙위원이 되어 활동했고, 을축청년회를 창립했으며, 신간회 경성지회를 창립하는데도 가담했다.[2]

1926년에는 조선공산당에 입당하여 신문배달을 하면서 노동자를 교육하고 '4차당'에서는 책임비서가 되었다. 그가 책임비서가 된 것은 조선공산주의운동사에서 노동자 출신으로 처음 있는 일이었다. 그는 책임비서로서 조직적인 활동을 하다가 1928년 7월 종로경찰서에 검거되어 가혹한 고문을 받고, 1929년 3월 10일 옥사했다.

30년이란 짧은 생을 살다간 차금봉은 일생을 통해 식민지시대 어떤 활동가보다 지울 수 없는 족적을 남기고 간 사람이다.[3]

2. 선진노동자 차금봉 - 3·1운동 시기에 -

1919년 3월 1일부터 약 2개월 여에 걸쳐 격렬하게 전개된 3·1운동은 식민지시대 민족해방운동사상 획기적인 사건이었다.

---

1) 경성지방법원, 『차금봉조서』, 1929, 이석태 편, 『사회과학대사전』, 교우인서관, 1947, 673쪽, 이재화, 『한국근대민족해방운동사』(1), 백산서당, 1986, 112-113쪽. 한편 박애림은 1898년 12월 8일 출생했다고 한다.(『경희대학주보』 1993. 9. 27.)
2) 『동아일보』 1929. 3. 12, 『중외일보』 1929. 3. 12.
3) 본고는 제한된 자료에서 연구를 출발하여 차금봉의 사상과 활동의 전체를 조망할 수 없어 1920년대 조선민족해방운동에 있어 그가 전개했던 투쟁에 주목하고자 한다. 특히 여기에서는 선학의 다양한 연구를 여러 부분에서 참조했음을 미리 밝혀둔다.

거족적 민족해방 투쟁이었던 3·1운동은 조선 민중의 민족의식과 계급의식을 크게 성장시켜, 정치·경제·사회 등의 모든 부문에서 새로운 지형을 조성했으며, 또한 마르크스주의의 보급과 노농운동 및 청년·학생운동의 급속한 발전을 가져왔다.

3·1운동의 지도층은 지식인과 학생이었다. 이밖에도 농민, 상인, 수공업자, 노동자의 역할을 과소평가해서는 안 될 것이다.4) 오히려 이 운동을 거치면서 노동자계급을 선두로 한 민중은 민족해방운동의 주도세력, 그리고 새로운 사회의 주인으로서의 자기 위치를 확고하게 다져나가기 시작했다.

3·1운동 이전 1910년대 조선의 노동자는 매우 열악한 노동조건 아래 신음했다. 즉 일본인 노동자의 4-6할의 저임금과 하루 평균 13시간의 노동에 시달리면서 민족적 차별을 이중적으로 받는 처지였다. 결국 그들은 파업투쟁을 통해 하나의 계급으로 역량을 축적하기 시작하여, 1918년에는 50건, 1919년 1·2월만 해도 1,650명의 노동자가 9건의 파업투쟁을 일으켰다.5)

3·1운동이 일어나자 노동자들은 독자적으로 혹은 연대하여 시위대열을 꾸려냈다. 특히 도시의 일용 노동자는 개별적으로 시위 대열에 참가하여 투쟁에 앞장섰다.6) 이들의 활동을 유형화 시켜보면, 만세시위, 동맹파업, 전차파괴, 광구파괴 등이었다. 이러한 노동자의 투쟁은 지식인·청년 학생의 선전·선동에 자극 받고 고무되었다. 『진민보』, 『조선독립신문』, 『전기회사에 근무하는 제군에게』 그리고 기타 각종 파업시위 촉구문이 도시지역을 중심으로 전국적으로 살포되었다.7)

---

4) 성대경, 「3·1운동 시기의 한국노동자의 활동에 대하여」, 『일제하 식민지시대의 민족해방운동』, 풀빛, 1981, 참조
5) 『회사 및 공장에서 노동자의 조사』, 62-63쪽. 1919년에는 84건으로 증가했다. 기타 3·1운동 시기 노동자들의 활동은 성대경의 앞의 논문 참조할 것.
6) 이윤상외 2인, 「3·1운동의 전개양상과 참가 계층」, 『3·1민족해방운동연구』, 청년사, 1989, 241쪽.

이 가운데 눈길을 끄는 것은 철도종업원을 대상으로 한 문건이다.
『독립운동사자료집』(6)에 나오는 "철도 종업 중인 동포는 전부 직을 포
기함으로써 기차의 운전은 불가능하게 되었다. 이때 왜놈에게 혹사되면
서 운동에 가담하지 않은 자는 사람이 아니다. 하루 속히 자살하라"(897
쪽)는 내용이 바로 그것이다. 가담치 않으면 자살하라는 것은 3·1 투쟁
의 절박성을 가장 적절히 표현한 것이다. 3월 2일 서울 시내 노동자 400
여명이 만세시위를 전개한 이래 노동자가 있는 곳에서는 어디서나 파업
과 만세시위가 번져갔다.

이러한 때 차금봉은 3·1운동의 열기를 최선두에서 일으키며, 운동에
투신하기 시작했다. 그는 보통학교를 졸업한 후 서울역의 화부견습공이
되어 노동자의 길에 들어섰고, 3·1운동 때는 기관수였다.

차금봉은 자유노동자로 3·1운동을 맞는 것이 아니었다. 그는 철도노
동자로 기존의 노동조합과 다른 성격의 노동조합에서 활동했다. 특히 그
가 다른 어떤 노동자들보다 적극적으로 투쟁에 가담하고, 이들을 지도해
낼 수 있었던 것은 빈민 출신으로 일제의 침탈을 몸으로 직접 경험했던
사실이 작용했을 것이다.

서울역 부근의 시위로 널리 알려진 것이 3월 5일 투쟁이다. 여기에는
학생이 주도하여 다수의 노동자와 농민, 소부르주아지 등이 참가했는데,
3월 1일 시위가 진행된 이후 일시적 수세기에 접어들면서 주춤하던 투
쟁은 각 공장단위의 노동자들을 중심으로 분산적인 동맹파업이었지만
투쟁이 계속되었다. 3월 22일에는 차금봉 등을 중심으로 한 노동자의 시
위가 있었다. 그 투쟁의 내용을 보면, 봉래[8] 철도교차점 부근의 음식점
에 조반을 먹으로 온 잡역노동자[9] 3-400명이 태극기를 들고 만세 시위
를 시작했다. 여기에 인근에 운집한 전차 차장, 공장 직공, 자유노동자와

---

7) 이윤상외 2인, 앞의 논문, 242쪽.
8) 현재의 만리동이다.
9) 여기에는 철도의 잡급직, 정미 노동자, 마차부 등이었다.

일반 시민이 합세하여 잠깐 사이에 7-800명의 대군중으로 데모대가 형성되었다. 이들은 기세가 오르자 신의주로로 진출하여 독립문까지 시위를 전개했다.

이렇게 3월 22일 시위는 서울역을 중심으로 선진적 노동자 및 청년 학생의 지도 아래, 자유노동자, 일반 시민 및 기타 다수의 조선인이 투쟁의 불길을 질렀다. 만리동에서 독립문까지 경성의 한 복판을 조선 독립을 외치면서 민중이 전개한 이 투쟁은 일제의 간담을 서늘하게 했다.

서울역 부근에서는 그 후 5일 뒤인 3월 27일 만철경성관리국 노동자들이 동맹파업을 단행했다. 그날 서울역전에서 「노동대회」, 「조선독립」이란 커다란 깃발을 선두로 파업시위가 일어났는데, 이것이 조선노동운동사상 파업시위의 효시였다.[10] 차금봉은 철도국 내의 노동자들을 조직하여 파업을 이끌었다. 즉 그는 조직적으로 미숙한 철도국 내의 노동자들을 거족적 3·1운동의 한 가운데에서 동맹파업으로 견인했던 것이다. 특히 파업 투쟁에서 나타나듯이, 차금봉를 비롯한 선진노동자들은 철도국 내의 대다수의 노동자를 조직하는데, 탁월한 조직력을 발휘했다. 조선 최초의 파업시위인 3월 27일자 투쟁에는 조선총독부의 폭압적 탄압과 일본 경찰의 삼엄한 경계 속에서도 철도국 조선노동자 900여명 가운데 85명의 탈락분자[11]를 제외한 800여명이 시위에 참가했고, 그 투쟁은 3월 31일까지 계속되었다.[12]

이렇게 차금봉을 비롯한 선진노동자의 노력으로 동맹파업은 5일간 전개되었다.

3·1운동의 초기부터 끝까지 비타협적인 투쟁을 전개한 것은 노동자, 농민, 소부르주아지 등의 민중이었다. 이들은 민족·계급적 모순의 최대 피해자로 운동의 초기부터 적극적으로 참가했다. 민중은 시위 당초부터

---

10) 이석태, 앞의 책, 672쪽.
11) 이들이 어떤 의도에서 파업 투쟁에 참가하지 않았는지 정확하지 않으나, 거족적 민족해방투쟁에 참가하지 않은 것은 자신의 계급, 민족적 기반, 즉 자신의 존재를 부정한 것이다.
12) 자세한 내용은 성대경, 앞의 논문, 참조.

폭력투쟁을 지향하여, 일제의 권력 기반에 대타격을 가했던 것이다.

차금봉을 비롯한 선진노동자들은 이러한 투쟁에 적극 참가했다. 특히 철도국 내의 노동자를 조직하고, 이들을 지도해 낸 것은 민족·계급적 모순을 투쟁의 현장에서 조직적인 투쟁으로 견인한 증거이다.

이렇게 3·1운동 때부터 적극적으로 민족해방 투쟁에 참가했던 차금봉은 마르크스주의의 보급과 노농운동의 발전에 따라, 선진노동자로 민족해방운동의 선봉에서 조선의 독립과 해방을 위해 분투하게 된다.

3. 1920년대 조선노동운동에서의 차금봉

선진 노동자로 3·1운동 시기에 선도적으로 투쟁했던 차금봉은 1919년 이후 민족해방운동의 발전에 따라 직업적 활동가로 성장한다. 그는 전국적 조직인 조선노동공제회와 조선노농총동맹, 조선노동총동맹의 지도부에서 활동했던 것이다.

전국적 차원의 조합운동 가운데 차금봉의 활동을 언급하기 전에 간단하게 1920년대 노동자의 상태를 정리할 필요가 있는데, 노동계급의 상태는 현대 사회운동의 진정한 기초이며 출발점이다.

1920년대 식민지시대 조선의 노동자계급은 일제와 매판세력, 봉건통치배, 성장하기 시작한 자본가계급의 압박과 착취를 받았다. 그리고 이런 조건 아래에서 노동자는 비인간적 생활을 영위하게 되었고, 기아임금과 장시간의 노동에 결박되었다. 노동시간은 보통 12시간을 초과하고 있었으며, 1922년 7월말 현재 휴식일은 연 평균 18.2일[13]에 지나지 않았다. 임금은 조선 내 노동자의 평균임금이 91전[14]으로 되어 있으나, 실지 조선인만의 임금은 최저임금치인 50전이었을 것이다. 왜냐하면 당시까지

---

13) 『회사 및 공장에서의 노동자조사』, 1923, 9-10쪽.
14) 『회사 및 공장에서의 노동자조사』, 10-11쪽.

도 조선인의 경우 자유노동자가 많아, 높은 수준의 정기적인 임금을 받을 수 없는 형편이었기 때문이다.

이러한 임금과 장시간의 노동에 시달린 조선 노동자는 한마디로 일신의 생명을 유지하기 곤란한 처지에 놓여 있어, "배를 채운다는 것이 천부(天賦)한 인생의 목적이라고 그 이외에 더 생각할 수 없으리만치 피곤하였을 것이다"15)고 하는데, 배불리 먹는 것은 인간에 있어 가장 기본적인 것으로 이것이 해결되지 않은 상태에서 의복이나 주거에 신경쓴다는 것은 불가능했다. 1940년에 경성제대 학생들이 조사한 토막민 생활상태에 대한 자료에 의하면, "토막민 556호 가운데 이불이 없던가 또는 한채밖에 없는 호수가 약 290호에 달하고 있었다. 의복은 겨울·여름용 할 것 없이 1호당 1착 또는 2착을 갖고 있는 호가 300호를 불과하다"고 했다. 당시 토막민은 대다수가 자유노동자였고, 소수가 산업노동자였기 때문에 곧 노동자들의 의복 상태를 짐작하고도 남음이 있다. 이와 같은 조사에 따르면, 전반적으로 식민지시대 조선 노동자는 흩껍데기 여름옷으로 겨울의 엄동설한을 겪어야만 했고, 때와 기름에 절어서 악취가 나는 옷을 입고 거리를 다니지 않을 수 없었다. 거주도 토막이나 행랑방, 함바, 공장합숙소에서 해결했다.

1920년대 조선의 노동자에게는 일제와 매판세력 그리고 자본가계급을 타도하고, 조선의 독립과 진정한 해방을 위해 투쟁으로 나아가는 것 말고 다른 길이 없었던 것이다.

1) 조선노동공제회16)에서의 활동

식민지시대 조합운동의 발전은 일정한 특성을 띠고 있었다. 조선의

---

15) 『동아일보』, 1924. 5. 16.

16) 조선노동공제회의 개괄적인 내용은 박애림, 신용하의 논문을 참조(박애림, 「조선노동공제회의 활동과 이념」, 연대석사, 1992, 신용하, 「조선노동공제회의 창립과 노동운동」, 『한국의 사회신분과 사회계층』(한국사회사연구회논문집3), 문학과 지성사, 1986.)

노동자계급은 조선이 식민지로 전락한 상태에서 일본자본가들이 경영하는 기업에서 발전을 시작했기 때문에, 곧바로 일제와 일본자본가 그리고 일부의 조선자본가를 투쟁의 대상으로 삼았다.

마르크스는 노동조합운동 초기의 사명을, 자본의 진공으로부터 노동자들의 일상적 요구 즉 임금인상과 노동시간 단축을 위해 투쟁하는 것을 들고, 아직 의식적이지는 못하나 개개의 조직들이 전국에 전파되어, 그들이 연합하여 전국적인 통일을 이룩하며, 종국적으로 노동자계급의 조직적 중심의 역할을 하는 것이라고 한다.[17]

1910년대 노동운동의 조직적인 역량의 후광을 입고 조선의 노동운동은 3·1운동 때 시위투쟁을 통해 비약적인 발전을 도모했으며, 1920년에 가서는 전국적인 조직을 낳게 된다.

조선노동공제회는 1920년 4월 11일 서울에서 조직되었다. 조선노동공제회는 조직 당시에 678명의 회원, 1921년 3월에 1만 7,259명이었다.[18] 이 조직은 조선 최초의 근대적인 전국적 대중 노동단체로, 소위 박중화를 비롯한 소부르주아 인텔리, 신문배달부, 인력거부, 지겟군 등의 자유노동자와 정미직공, 인쇄공, 연초공장직공 등의 공장노동자와 소작인이 망라된 조직이었다.

여기에서 차금봉은 노동자 출신의 활동가로, 초대 교양부 간사로, 초기부터 적극 가담했다. 4월 11일 창립총회에서는 대회장에 박중화가 선임되었고, 총간사에 박이규, 이사장에 오상근을 뽑았다. 차금봉도 임원회의 구호부 간사 3인 중 한사람으로 공제회 활동을 하는데, 이렇게 그는 노동자를 대표하여 노동자 출신의 활동가로 이론과 운동의 중심부에 들어가 있었다.

---

17) 권의식, 「조선 노동운동 발전에서 조선노동공제회와 조선노동연맹회가 수행한 역할에 대하여(토론)」, 김경일 편, 『북한 학계의 1920, 30년대 노농운동 연구』, 창작과 비평사, 1989, 138쪽, 참조
18) 김인걸, 『1920년대 맑스-레닌주의 보급과 노동운동의 발전』(1964년판), 일송정, 1989, 33쪽.

조선노동공제회는 창립 당시 발표한 주지서에서 '노동은 사회의 근본'
이라고 선언했다. 동시에 그 목적을 '자력으로서 자아가 의식하는 동시
에 애정으로써 상호부조하여 생활의 안정을 도(圖)하며 공동의 존영(尊
榮)을 기함'에 있다고 했다.[19] 그리고 당면과제로는 노동자 교육, 경제,
위생의 세 가지 문제를 제기하며, 최후의 이상은 우리 노동사회의 조직
과 제도를 개선함에 있다고 했다.[20]

그러나 조선노동공제회는 초기부터 문제의 소지가 있었다. 우선 지도
부가 지식인과 선진노동자로 양분되어 있었고, 동시에 가입회원에 문제
가 있었다. 전술했듯이 조선노동공제회 주지서에서 '노동'의 중요성을
언급하는데, 여기에서 지도부는 노동 문제에 소작인 문제까지 포함시키
는 오류를 범했던 것이다. 그들은 노동자들을 언급할 때 농촌의 농업노
동자로 소작인을 상정했다. 물론 당시까지 노동자계급 발생의 미미함 때
문에 소작인들이 참가하지 않을 수 없었던 것도 사실이기는 하나, 노동
자와 농민은 분명히 계급적으로 명확히 구분되어야 하는 존재임은 두말
할 것도 없다.

한편 조선노동공제회 제2회 정기총회 예비총회가 1921년 3월 13일에
있었다. 차금봉은 여기에서 61명의 정기 대표위원 가운데 한사람으로
선정되었다.[21] 이 총회에서는 인텔리가 많이 진출하여 인텔리 대 비인
텔리의 대립구도가 조직 내에서 선명했다.

차금봉의 조선노동공제회에서의 활동 가운데 가장 두드러진 것은
1922년 4월 3일부터 이틀간 열린 제3회 정기총회이다. 지방에서 대표
20여명이 참석한 총회에서 지회의 활동 보고와 활동 방침을 결정했는
데, 이 가운데 활동방침을 결정한 둘째날 조직개편을 단행했다.[22] 즉

---

19) 『공제』 창간호, 1920, 167쪽. 주로 인테리들에 의해 주도된 조선노동공제회는 내부
   에 실력양성론적 사고와 사회주의적 사고가 병존했다.
20) 『공제』 창간호, 167쪽, 170쪽.
21) 『동아일보』 1921. 3. 27.
22) 박애림, 앞의 논문, 57-58쪽, 참조

노동조합과 소작인조합을 조직하는 것을 주요한 내용으로 노농운동의
방향을 전환했다. 여기에는 차금봉을 비롯한 노동자들의 요구와 사회
주의자들의 입장이 반영된 것은 물론이다. 이후 차금봉은 지식인 배척
을 조선노동공제회 내에서 분명히 했다.

초기부터 통일적 지도부로 출범하지 못했기 때문에 항상 불씨를 안고
있었던 조선노동공제회는 지도부 사이에서 정면대결을 보게 된다. 종래
집행위원을 장악하고 있던 인텔리 간부들의 조직 지도에 항상 불만을
품고 있던 노동자 출신의 활동가들은 그 동안 성장해온 노동자계급을
배경으로 자신들에게 주도권의 이양을 요구했던 것이다. 차금봉은 최상
덕과 함께 선진노동자들을 대표하여 조선노동공제회의 쇄신을 주도한다.
그는 이전에도 『공제』 편집부와 빈번히 충돌했다. 이유는 이들이 노동자
들에게 잘 이해되지 않는 생경한 학설만을 고집하고, 『공제』의 편집을
자의적으로 진행했기 때문이었다. 대중의 정서에 맞지 않는 잡지의 성격
을 정확히 지적하고, 이들과 싸워 승리를 얻어낸 것은 차금봉를 비롯한
활동가들이 조선노동공제회에서 수행한 최고의 성과라고 할 수 있다.

그런가 하면 노선의 전화 이후 조선노동공제회 경성본회에서는 내부
분열로 조직의 약화가 초래된다. 특히 지방 지회의 유명무실화는 정리가
필요하게 되었고, 차금봉을 비롯한 노동자 대표들은 조직 내 주도권이
인텔리에게 귀속되어 있기 때문에 초래된 결과라고 생각했다. 그리고 이
에 따라서 차금봉은 1922년 9월 23일의 임시총회에서 노동자들의 힘을
모아 새롭게 임원을 선출하고, 이후 조선노동공제회를 순수 육체노동자
로 구성할 것을 계획했다.[23]

차금봉을 비롯한 선진노동자들이 조선노동공제회의 지도부를 장악하
자 북성회계인 윤덕병일파는 1922년 10월 서울에서 동회를 해체시킬 것
과 새로운 노동운동 단체를 조직할 것을 결의했다.[24] 이들에 의해 이튿

---

[23] 이러한 잘못된 판단은 1923년 7월 시기 사무실의 집세를 낼 수 없을 정도로 조직
의 약화로 귀결되었다.

날 조선노동연맹회가 조직되었다. 이러한 윤덕병일파의 행동에 차금봉을 비롯한 노동자 지도부는 조선노동공제회를 고수하고, 전국의 노동자를 조직 지도했다.

한편 차금봉은 자유노동자인 신문배달부와 역부를 지도하여 신문배달부조합과 왕십리 역부조합을 조직했다.25) 그리고 공장 노동자들 가운데는 금물노동자들을 지도하며, 노동자 출신의 활동가답게 기층 대중 속에 들어가 그들과 함께 호흡을 같이 하면서, 즉자적 단계의 노동자에서 대자적 단계의 일꾼으로 견인하는데 전심전력을 기울였다.

노동자 대중 속에서 그들을 조직하고, 대중의 조직화에 사회운동의 기초를 둘 것을 강조한 차금봉은 정재달을 노동자의 이름으로 테러했다.26) 그가 정재달을 테러한 이유는 해외 공산주의자들 사이에서 일어난 분파투쟁이 국내로 파급될 것을 우려한 데에서 연유한 것이었다. 당시 정재달은 북성회의 김약수, 조선무산자동맹의 신백우, 서울청년회의 김사국, 이영 등과 접촉하여 고려국의 조선공산당 건설의 방침을 고지했다. 여기에 대해 국내 사회주의자들은 냉담했는데, 각 파벌이 자파 이외에는 아무도 믿지 않은 상황에서는 당연했다.

그런가 하면 인텔리 출신의 지도부로부터 주도권을 이양 받은 차금봉을 비롯한 선진노동자들은 조선노동공제회 사업의 일환으로 강연회를 전국적으로 개최했다. 1920년대 전반 소조, 사상단체들은 각종 형식과 방법을 이용하여 마르크스주의를 연구, 선전했다. 당시 일반적으로 합법적 출판물에 대한 일본 경찰의 통제와 간섭이 혹심하던 조건에서 대중에게 의사를 전달하는데, 보다 쉬운 구두선전의 방법을 널리 이용했다.27) 즉 강연회, 토론회, 강습회 등의 방법이 그것이다.

24) 『동아일보』 1922. 10. 12.
25) 이석태, 앞의 책, 참조
26) 이재화, 앞의 책, 112쪽.
27) 김인걸, 앞의 책, 22쪽.

차금봉은 강연을 통해 노동운동과 사회 문제들을 언급했다. 1922년 12월 31일 각황사(覺皇寺)에서 조선노동공제회 서울 본부 주최 강연회가 열렸다. 차금봉은 김정식[28], 임봉순[29]과 함께 '조선노동공제회에 되하야'라는 제목으로 강연했다.[30] 주요 내용은 전국적 단위의 노동운동 단체가 병립하던 상태에서 조선노동공제회의 존립의 필요성과 적법성을 강조했던 것이다. 1923년 4월 26일에는 조선노동공제회 주체 경성 경운동 천도교당 강연회에서 '현하의 조선사회'라는 제목으로 조선사회 분석과 이후 조선운동의 나아가야 할 길에 대해 연설했다.[31] 차금봉의 연설은 많은 노동자들에게 감명을 주었다. 그가 노동자의 마음을 사로잡을 수 있었던 것은 말솜씨 때문이 아니라 현실 투쟁에서 나온 절실함에 기인했다.[32]

이 때 조선에는 마르크스주의 혁명사상이 급속히 대중운동 영역에 침투되어 갔다. 비합법적 출판물뿐만 아니라 일부 합법적으로 발간되던 신문·잡지들까지 비록 계통적으로 되지는 못했지만, 소련과 레닌, 사회주의에 대한 글들이 발표되었다. 또한 사상단체의 활동은 마르크스주의가 대중운동 속에 침투할 때 긍정적인 작용을 했다. 마르크스주의 전파에 있어 조선노동공제회를 비롯한 조직들이 조직, 진행한 노동 강연회와 노동야학회들이 중요한 역할을 수행했던 것이다.[33]

당시 차금봉의 노동운동에 대한 인식의 수준이나 운동론을 정확히 알 수 없다. 1924년 3월 31일자 『시대일보』를 통해 대강을 살펴보면, '노동자의 입장에서 노동운동의 전도를 논함'이라는 글에서 노동운동 시기상조론들을 비판하면서, 노동자의 본질과 이윤에 대해 정치경제학적인 서술을 하고 있다.[34]

---

28) 강연 제목은 '조선노동자여 단결하자'였다.
29) 강연 제목은 '조선노동계의 연말총결산을 보고'였다.
30) 『동아일보』 1922. 12. 31.
31) 『동아일보』 1923. 4. 26.
32) 『중외일보』 1924. 3. 31, 참조.
33) 권의식, 앞의 논문, 148쪽.

한편 윤덕병일파가 조선노동연맹회를 조직한 이후 조선노동공제회는 지방 지회들이 양 단체로 나뉘어 재편되는 과정에서 세가 약화되지 않을 수 없었다. 특히 파벌 등은 단체내의 세 확장에만 주력했다. 이렇게 파벌에 따라 분리된 노동운동 세력은 변화되는 정세와 대중운동의 발전에 따라 1924년 조선노동총동맹으로 합류되어 전국적 단위의 조직으로 성장했다.

이상과 같이 차금봉은 조선노동공제회에서 선진 노동자 출신 활동가로 조직 초기부터 조선노농총맹에 합류될 때까지 활동했다. 이렇게 그가 전국 단위의 노농단체 중앙에서 주도적으로 활동한 것은 미력하게나마 성장하기 시작한 노동계급의 상태를 단적으로 반영한 것이다. 동시에 보급되기 시작한 사회주의 확산에 촉매가 되었다.

조선노동공제회는 노동자들의 친목과 상호부조를 목적으로 하면서 동시에 노동자의 계급의식을 일정하게 고양시켰으며, 전국적 범위에서 노동자를 결속한 최초의 조직이었다. 물론 노동자에 대한 계급적 이익의 미미함으로 조직 활동에 문제가 있었던 것은 사실이나 고립 분산적으로 각지에 존재하던 노동조합과 노동운동 세력을 결집하기에는 아직 조직력이 미약했다.

2) 조선노농총동맹에서의 활동

일제의 혹독한 탄압 아래에서 사회주의자, 선진 노동자와 인텔리 등에 의해 전국적인 노농단체 결성을 위한 투쟁이 수행되어, 1924년 4월 조선노농총동맹이 조직되었다.[35] 조선노농총동맹은 이전까지의 노

---

34) 『중외일보』 1924년 3월 31일자의 '노동자의 입장에서 노동운동의 전도를 논함'이라는 글은 지면의 대부분이 훼손되어 어려운 상태로, 판독 가능한 내용은 다음과 같다. "생활을 유지하여 가는, 다시 말하여 자기의 노동력을 파는 이외에 자기의 생활에 필요한 물질을 얻을 수가 없는 소위 노동자라 하는 사회군이 있지 않습니까? 그리고 또 그들 노동자의 땀과 눈물의 결정이 내외를 물론하고 그들의 노동력을 이용하는 자본가의 주머니를 무겁게 하는 기본이 되지 않습니까?"

동운동을 보다 한 단계 진일보시켰는데, 강령은 다음과 같다.

「1) 오인은 노동계급을 해방하여 단진한 신사회를 실현하는 것을 목
    적으로 한다.
  2) 오인은 단결의 위력으로 최후의 승리를 얻을 때까지 철저하게
    자본계급과 투쟁할 것을 도모한다.
  3) 오인은 노동자계급의 현하 생활에 이루어 각각 복리증진 및 경
    제적 향상을 도모한다.」[36]

이렇게 조선노농총동맹은 강령에 있어서도 노동자, 농민의 선두대로
서의 역할을 천명하고 있다. 이러한 조선노농총동맹은 행동강령과 투쟁
방침의 토의를 위해 창당대회 후 임시대회를 소집했다. 여기에서는 '노
동문제'와 '소작문제'에서 제기되는 과업들이 결의되었다. 그 가운데 노
동문제에 대해서는 다음의 내용을 결의했다. 1) 각 지방에 노동자 단체
를 조직하고 원조하며 각 지방 노동자 상황을 조사할 것, 2) 노동운동의
근본정신과 배치되는 이류(異流)단체는 파괴할 것, 3) 강습소와 팜프렛트
등으로 노동자의 계급의식을 철저히 할 것, 4) 노동시간은 8시간, 임금은
최저 1일 1전 이상으로 할 것.[37] 그러나 아직 동일한 조직 속에 이해관
계가 다른 노동자와 농민을 전부 포섭하고 있었기 때문에 조직상의 약
점이 상존했다. 이 문제는 이후 사회운동의 발전에 따라 조직의 분리로
극복되어진다.

조선노농총동맹은 전국적 조직으로 결성된 이래 전국의 노농운동단체

---

35) 발기일은 4월 17일(조선총독부경무국, 『노동운동의 개황』, 1924, 참조.)이고 당시
    조선노농총동맹에 가입한 단체는 260여개 회원은 53,000여명이었다.(『동아일보』,
    1929. 1. 1.) 특히 조선노농총동맹의 결성에는 국내부의 지도가 주요한 한 계기가
    되었다.(박철하, 「1920년대 조선공산당의 창립과정에 대한 연구」, 숭실대 석사,
    1991, 31-39쪽, 참조)
36) 조선총독부경무국, 앞의 책, 195쪽.
37) 『동아일보』 1924. 4. 22.

의 지도기관으로 역할을 수행하기 위해 노력했다. 차금봉은 4월 18일 창립대회에서 이른바 7명의 기초위원 가운데 한사람으로 선출되었다. 이 조직의 경우 강령 작업부터 북성회계가 주도했는데, 7인 기초위원을 보면 차금봉을 비롯해 윤덕병, 정운해, 김병주, 안준, 김영휘, 마명이었다.38) 이렇게 차금봉은 조선노동공제회에서의 활동 경험을 살려 새로이 조직된 전국적 단위의 노농운동 중앙조직에서 조선의 독립과 해방을 위해 투쟁하기 시작했다.

초기 중앙 조직에서 활동한 차금봉은 조선노농총동맹의 중요 사업에 관여한다. 황금정 광무대에서 4월 20일에 열린 회의에서 그는 50인의 집행위원 가운데 한사람이 되었다.39) 이 집회 이후 조선노농총동맹은 집회 금지를 당해 합법적 집회를 통해 활동하는데 많은 어려움을 겪었다. 특히 해금이 안 되어 정기대회의 정식 소집이 불가능해서 사업 수행에 지장이 초래되었고, 중앙집행위원의 개선이 필요한 때에도 이를 집행하지 못하게 되었다.40)

차금봉을 비롯한 서울계 및 북풍, 화요회계가 참가하여 연합 조직한 조선노농총동맹은, 1925년 3월 중앙집행위원회 4회 간담회 문제로 그 파벌성이 표출되어, 해결책으로 1925년 9월 30일 가맹단체의 투표로 중앙위원회를 선출한다는 규정이 가결, 1925년 10월 20일 중앙위원 및 개표위원을 선출했다. 이때 개표위원으로 권오설, 서정희, 윤덕병 3인이 천거되었고, 50명의 새로운 중앙집행위원이 선출되었다. 차금봉은 중앙집행위원회 개편에서도 계속 재선출되었다. 그의 선출은 조선노동공제회로부터 활동한 경력이 작용했고, 이것은 노동자의 성장을 반영한 것이다. 동시에 가맹단체 투표였기에 서울계의 구성원으로서 서울계의 조직적 후광에 힘입은 바도 없지 않다고 생각한다.

---

38) 『동아일보』 1924. 4. 20.
39) 『동아일보』 1924. 4. 21.
40) 『동아일보』 1925. 11. 3.

1925년 4월 조선공산당이 창건된 후 노동운동 단체들의 활동이 강화되었다. 조선공산당 창건 이후 노동단체 발전에서 특징적인 것은 지역별 노동연맹의 결성과 노동자, 농민연합체의 분화이다.[41] 이것은 조선공산당의 지도 아래 운동의 질적 비약을 말하는 것이다.

조선노농총동맹도 초기부터 잠재되어 있던 노농의 공존현상이 조선공산당의 지도 아래 극복되어진다. 1925년 말 조선공산당은 조선노농총동맹을 노동단체와 농민단체로 분리 재조직할 것을 결정하고, 이에 따라 1925년 11월 19일 제6회 중앙집행위원 간담회에서는 양 단체로의 분리가 결의되었다. 주요한 내용은 다음과 같다. 1) 조선노농총동맹의 가맹단체 중에서 농민단체로 따로 조선농민총동맹을 조직하고, 노동단체로 조선노동총동맹을 조직할 것, 2) 농민·노동 양 총동맹이 완성될 때는 조선노농총동맹을 해체하고, 노농 양 총동맹연합위원회를 조직할 것, 3) 중앙집행위원 간담회에서 위 두 가지가 결의된 때는 가맹 단체의 가결을 요함, 4) 가맹단체의 가결을 요하는 방법은 서면대회의 방법을 취할 것, 5) 가맹단체의 가결을 얻기까지 일체 사무는 상무집행위원회에게 일임할 것[42] 등.[43]

이 결의에 의거하여 1925년 말부터 각 지방들에서 노·농 연합체들의 분화를 위한 조직의 개편작업이 세포단체에서부터 시작되었다. 조선공산당의 지도를 받는 조선노농총동맹은 1926년 11월 18일 제8회 중앙집행위원회에서 관념적 운동에서 탈피하여 본격적으로 실제운동에 치중할 것을 결의했다.[44] 이어 조선노농총동맹은 그해 12월 결의에 의거하여 성명서를 내고 신정책을 제출했다.

---

41) 김인걸, 앞의 책, 70-71쪽.
42) 『조선일보』 1925. 11. 21, 『동아일보』 1925. 11. 22.
43) 결국 이 안은 각 단체에 서명으로 질의하여 1926년 2월 18일 정식으로 결정되었다.(『동아일보』 1926. 2. 19.)
44) 『동아일보』 1926. 11. 20.

「조선노농총동맹이 창립된지 근 3년이 지났다. 노동자계급은 발전되
지 못하였고, 봉건적 사상은 오히려 농후하니 그것은 근본적으로 우
리 운동을 곤란케 하였으며, 또 기구한 우리의 처지는 우리 총동맹으
로 하여금 창립 시부터 집회의 자유까지 가지지 못하게 하였다.···
우리 운동의 현상을 살펴보고 또 그 장래를 생각해 볼 때 우리는 조
선 노동운동의 방금 한 중대한 전환기에 임하였음을 느끼지 아니할
수 없다.」[45]

이렇게 변화되는 정세에서 신정책의 채택을 천명하고, 동시에 현실
타개를 도모했다. 그 방법으로 조선노농총동맹의 분리의 필요성과 방법
에 대해 다음과 같이 정리했다. 1) 민중이 중심이 되어 노농조합이 이루
어져야 한다, 2) 노·농 조합을 분리해야 한다, 3) 정치운동을 해야 한다.
집회금지 후 실로 오랫만의 제8회 중앙집행위원회는 아래에서부터 용
솟음치는 노농 대중의 요구와 조선공산당의 지도에 따라 실제 운동으로
활동의 중심을 옮겨 가기로 결의했다. 차금봉은 제8회 중앙집행위원회에
서 7인 상무집행위원회의 일인으로 활동했다. 이 회의에서는 이미 조선
공산당의 일원으로 당의 노선을 관철하기 위해 진력했다. 그리고 정우회
선언의 연결선상에 선 신정책에 대해서도 적극 동조했을 것이다.
마침내 조선노농총동맹은 신정책의 창출로 이어지는 일련의 과정 속
에서 분립의 방향을 잡아갔다. 1927년 4월말 조선노농총동맹은 전국 대
회를 소집하기 위한 준비를 하고 세포단체에 이를 통고했다. 그러나 일
본 경찰의 탄압으로 그 뜻을 이루지 못했다. 특히 6·10만세 사건으로
'3차당'의 간부의 다수가 체포되면서 지도부의 중심이 붕괴되어, 일의
진행을 더욱 어렵게 만들었다. 조선공산당 검거 사건과 이에 따른 조선
노농총동맹 지도부의 혼란으로 전국의 노동조합을 조직·지도하기 어려
운 상태에 빠졌던 것이다.
그럼에도 불구하고 차금봉은 자신의 과업을 절대로 방기하지 않고,

45) 『조선일보』 1926. 12. 15.

직접 노동자 대중 속에서 선도적으로 투쟁을 지도했다. 1927년 2월 4, 5
일자 기사를 보면, 경남 밀양군 양화직공동맹의 동맹파업에 「어대까지
싸호라」라는 문건을 보내 투쟁을 지도했다. 그리고 선진노동자 출신의
활동가로 대중의 정서와 가장 가까웠기 때문에, 다른 전국 각지의 노동
자들의 파업 투쟁을 직·간접적으로 지도했을 것은 짐작하고도 남음이
있다.

그런가 하면 민족해방운동가로 조선공산당과 조선노농총동맹의 일원
이었던 차금봉은 신간회의 조직에도 관여했고, 신간회 경성지부 창립에
가담했다.46)

한편 조선노농총동맹은 서면으로 분립대회를 진행한다. 결의 후 2년
이 지난 1927년 9월 6일에야 정식으로 분립되었다. 즉 조선노동총동맹과
조선농민총동맹으로 새롭게 조직되었다. 조선노농총동맹은 이에 앞서 8
월 10일 상무집행위원회를 개최하고, 두 총동맹의 규약 기초위원을 제출
한 규약을 수리하고 양 총동맹의 위원 수를 정했다. 그리고 위원을 선출
하기 위한 선거위원 10인도 위촉했다. 차금봉은 노총부의 위원 5인47) 가
운데 한사람이 되어, 분립 후 조직에서 중심으로 활동하게 되었다.

서면대회에서 두 총동맹으로 분립되자 9월 7일 각각 조선노동총동맹
과 조선농민총동맹의 중앙이 조직되었다. 차금봉은 조선노동총동맹에서
중앙집행위원으로 선출되어 활동을 늦추지 않는다.

사회운동의 발전으로 분립의 요구가 실현되어 새롭게 노동자 중심의
조직으로 성장한 조선노동총동맹은, 노동운동의 발전에도 불구하고 일
본 경찰의 탄압과 지도부의 개량화로 실질적인 중앙조직으로서의 한계
가 있었다. 『동아일보』 1930년 1월 1일자 이지휘의 「조선사회운동 거세
개적과 금년의 추세」는 그 상황을 다음과 같이 표현하고 있다.

---

46) 『중외일보』 1929. 3. 12.
47) 5인은 유두희(인천), 도정호(경성), 김유창(평양), 이낙영(경성), 차금봉(경성)이었다.
   (『동아일보』 1927. 8. 13.)

「조선노총은 그 가맹단체 수 (1928년말 현재) 150을 算하는 유력한
단체임에도 불구하고 已往의 주요 지도분자를 잃어버린 채 집회의
해금도 획득치 못하였음으로… 노총의 활동은 오직 9월 17일(1928년)
재동경 노동자 송환문제가 일어났을 때 東京 시장과 내각총리 대신
에 항의문을 타전한 것뿐이었다. 각 지방에서는 지방적 쟁의가 다수
일어났으나 노총은 사실상 그 제 쟁의를 통해, 지도하지 못하였다.
노총이 지도하기는 고사하고 공격에 급한 자본가는 추격에 추격을
거듭하여 각 지방 노동단체의 기득권까지도 탈회하려 하였다.」

조선노동총동맹에서 차금봉의 활동은 조선공산당의 당원으로 수행했
다. 따라서 조선공산당이 그의 활동에 중심이었기 때문에 조선노동총동
맹에서의 활동은 구체적이지 않다. 그러나 1928년 4월 평양 연맹을 지도
한 사례는 확인할 수 있다.[48]

조선노농총동맹은 1924년 4월 조직되어 1927년 9월 분립됨으로 해
체되었다. 약 3년 5개월 동안 조선노농총동맹은 조선의 노농운동을 이
끌어 갔다. 그러나 이 조직은 초기부터 갖고 있던 분파문제와 노농의
차별성 때문에 전국적 단위의 조직임에도 불구하고 많은 대중의 획득
에는 실패했다. 특히 '3차당'의 붕괴 이후 이 조직은 지도부의 개량화
가 동시에 수행되었다. 조선노농총동맹은 조직 후 각지의 투쟁을 조직
했으며, 특히 공산주의운동과 지방의 노·농 운동의 연계 고리로 작용
하여 운동의 발전에 기여했다.

차금봉은 조선노농총동맹에서 기초위원, 중앙위원, 상무위원이라는 직
함이 말해주듯이, 조직의 중심에서 인텔리적 편향과 파벌성을 투쟁 속
에서 극복했다. 그는 노동자 출신으로 인텔리적 성향과는 애시당초 거리
가 멀었다.

---

48) 『차금봉조서』 34-36쪽.

4. 조선공산당 '4차당'에서의 차금봉

조선공산당은 1925년 4월 17일 이른바 김재봉을 비롯한 화요·북풍회
계를 중심으로 경성 황금정 아서원 2층에서 조직되었다. 이른바 '1차당'
은 코민테른 승인 획득, 조선노농총동맹 분리문제 토의, 고려공산청년회
의 사업 지원과 각 표면 단체의 조정 등을 수행했다. 그러나 당내 종파
주의적 경향과 결당 후 반 년만의 대검거로, 결당에 이르기까지의 조직
활동 보다 결당 뒤의 모습이 적막한 느낌이나,⁴⁹⁾ 전국적 차원의 최초의
당 건설이었던 사실은 민족해방운동을 이론의 영역에서 실제의 영역으
로 진일보시켰던 것은 사실이다.

'1차당'의 중심 인물인 김재봉, 김찬, 주종건 등은 '신의주사건'으로
조선공산당이 궤멸상태에 빠지자 후계당 조직을 논의하고 그 책임을 강
달영에게 일임했다. 강달영은 곧 후계당 조직에 착수하여 중앙간부를 재
구성했다. 이것이 '2차당'이다. '2차당'은 김재봉이 건설한 조직 기반을
토대로 활동하다가 6·10만세운동으로 조직원이 체포되어, 6개월밖에
존속하지 못했다.

1, 2차 조선공산당 사건은 화요·북풍계 간부를 투옥 또는 해외로 도
피하게 만들었다. 여기에서 1926년 6~8월 시기에 김철수 책임의 '3차
당'이 조직되었다. 이 때 서울계 활동가였던 이영, 이정윤, 한명찬, 김재
명, 이낙영, 이운혁, 김병도 등이 가담하는데, 차금봉도 서울계의 일원으로
서 '3차당'에 가입했다. 그는 조선공산당의 당원으로서 신문배달로 생활을
영위하면서 대중 교양에 진력했다. 차금봉은 신문배달부를 조직하여 신문
배달총동맹을 결성하고, 집행위원장으로 동맹을 주도해 나아갔다.

그런가 하면 '4차당'은 1928년 2월 27, 28일 이틀 동안 개최된 제3차
조선공산당대회에서 새롭게 조직되었다.⁵⁰⁾ 제3차 조선공산당대회는 새

---

49) 김준엽·김창순, 『한국공산주의운동사』(2), 청계연구소, 1986, 320쪽, 참조.
50) 조선공산당의 제1차 당대회는 1925년 4월 17일에 있었던 창당대회이고, 제2차 당

간부를 선출하기 위한 전형위원으로 정백, 이정윤, 이경호를 선정했다. 이 가운데 정백과 이정윤이 검거되어 전형위원의 역할을 할 수 없게 되자 대안으로 감옥에 있던 이들로 하여금 후계간부를 선정하게 했다. '4차당'의 중앙간부 및 후보 검사위원은 이렇게 하여 구성되었다. 여기서 차금봉은 중앙간부가 되었다.

일단 중앙이 완성되자 '4차당'은 1928년 3월 중순 차금봉의 집에서 제1회 중앙집행위원회를 개최하여 각각 부서를 결정했다. 이 때 차금봉은 이성태, 안광천, 김재명이 천거하여 책임비서가 되었다.[51]

3월 19일 2회 중앙집행위원회가 열렸다. 여기에서는 제외한 한명찬을 조직부 위원, 윤일을 정치부 위원, 김한경을 조직부 위원으로 결정했다. 그리고 김재명과 한명찬의 복안에 따라 각도의 간부를 뽑았다. 이 때 차금봉은 책임비서와 경기도 책임을 겸하게 되었다.

한편 '4차당'의 책임비서로 활동하면서 차금봉은 전술했던 것처럼, 1928년 4월 평양을 여행하여 김성정의 노동연맹과 이대영의 노동연맹이 양립해 대치하고 있는 상황에서 조선노동총동맹의 중앙집행위원으로 내분을 지도했다. 조서에는 차금봉이 조선노동총동맹의 중앙집행위원으로 평양에 가서 노자협조적인 이대영파를 중심으로 재편시켰다고 기록되어 있다.[52] 이것은 그가 조선공산당의 책임비서로 활동하면서 조선노동총동맹의 지역 조직을 지도할 때 당 조직 활동의 내용을 은폐하기 위해서 한 허위 진술로, 비밀유지 차원에서 봐야 한다.

'4차당'은 1, 2회 중앙집행위원회 이외에도 10차례의 회합이 '4차당'이 붕괴되기 직전까지 계속되었다. 이것을 정리하면 다음과 같다.

대회는 1926년 12월 6일, 안광천을 책임비서로 하는 세칭 'ML당'을 출범시킨 대회이며, 제3차 당대회는 1928년 2월 28일부터 시작된 '3차당' 탄압이 자행되는 가운데 '4차당'을 조직한 대회였다.
51) 『차금봉조서』 6쪽.
52) 『차금봉조서』 52쪽.

표1) 조선공산당 '4차당' 중앙집행위원회의 주요 사항

회수	일 시	참 석 자	토의 및 결의사항
1	1928. 3. 17	차금봉, 안광천, 김재명, 이성태 등	1. 위원선정. 　위 원 : 안광천, 김재명, 이성태, 차금봉, 김한경, 이혁노, 한해 　후 보 : 윤 일, 한명찬 2. 부서 제정. 　정치부 : 안광천 　조직부 : 이성태 　y　부 : 김재명 3. 책임비서(차금봉) 임명.
2	1928. 3. 19	안광천, 김재명, 이성태, 김한경, 이혁노, 한명찬, 차금봉 등	1. 조직부 위원(한명찬, 김한경)과 정치부위원(윤일) 선정. 2. 각도 간부 선정. 　전북 : 임혁근, 전남: 서병인, 　경남 : 윤일, 김용찬, 　충청 : 미정 　강원 : 함인호, 정회식, 　함남 : 김경식, 박문병, 　함북 : 함태성, 김창일 　황해 : 김찬순, 　평남·북 : 오기주, 이원곤 3. 일본부 연락부장(김한경), 상해부 연락부장(양명) 선임. 4. 『대중신문』 편집위원(한림, 이우적) 선임. 5. 강령과 선언의 작성 안광천에게 일임.
3	1928. 3. 27	안광천, 김재명, 이성태, 한명찬, 차금봉 등	1. 안광천이 작성한 '민족문제에 관한 건', '조직문제에 관한 건'의 문건을 회람. 2. 양명이 보낸 통신 ① 소수 정예주의를 취할 것, ② 금전은 가급적 해외에서 보낼 것, ③ 때때로 국내운동 상황을 보고할 것을 이성태가 보고함. 이에 대한 답신을 안광천이 작성하여 이성태가 지참하도록 함. 3. 조선공산당 신조직에 대한 보고를 위해 코민테른에 양명 파견. 4. 상해에서 조선공산당 기관지를 발행하여 선전에 노력하기로 함. 5. 중앙위원에게 매월 40원 지급하기로 함.
4	1928.4.중순	안광천, 김재명, 이성태, 김한경, 이혁노, 한명찬, 차금봉, 윤 일 등	1. 양명 통신에 대한 보고안이 작성되었다고 보고함. 2. 이성태의 보고(① 양명이 김용찬을 통해 운동 자금 2,500원을 보냄, ② '3차당' 검거 상황 보고문 입수 경위 보고와 현물 회람)가 있었음.

			3. 안광천이 작성한 「정치논강」 가결. 4. 일본총국c 간부 인선. 책임비서: 한림 위원: 이우적, 김상혁, 강소천 y 책임비서: 인정식
5	1928. 4. 23	차금봉, 안광천, 한명찬, 이성태 등	1. 이성태를 상해에 파견, 양명을 통해 코민테른에 조선공산당의 회의록과 수교의사를 제출하게 하기로 함. 2. 한빈을 중앙집행위원 후보로 결정함. 3. 안광천을 기관잡지 편집책임자, 양명을 편집위원으로 함.
6	1928. 4. 27	차금봉, 김재명, 한명찬, 이성태, 한위건 등	1. 안광천이 기초한 조선공산당 세칙을 토의, 가결. 2. 「조직논강」은 조직부에 일임해 작성하기로 함.
7	1928. 4. 30	차금봉, 한명찬, 김재명, 이성태 등	1. 안광천을 중앙집행위원에서 사임시킴. 2. 양명을 상해 연락부 발행 기관지 편집장으로 임명. 3. 오기개를 평안남도 책임으로 임명. 4. 김병도를 『대중신문』 편집위원에 추천.
8	1928. 5. 5	차금봉, 한명찬, 김재명, 이성태 등	1. 한명찬을 정치부장에 임명. 2. 당의 당면문제(민족운동, 노동운동, 청년운동)에 관한 것을 결의. 3. 홍진유 외 수명의 입당을 승인.
9	1928. 5. 18	차금봉, 한명찬, 윤 일, 김재명, 김한경, 이성태 등	1. 연구위원회를 조직하여 김한경, 이혁노, 한명찬을 위원으로 선임. 2. 책임비서 사직원을 반려시킴.
10	1928. 6. 5	차금봉, 한명찬, 윤 일, 이혁노, 김한경, 이성태, 김재명 등	1. 당의 당면 문제, 재조직 문제, 만주에 있어 파벌 통일 문제, 민족유일당의 강령문제 등을 결의하여 상해 연락부에 통지하기로 함.
11	1928. 6. 11	차금봉, 김한경, 윤 일, 한명찬, 김재명, 이혁노, 이성태 등	1. 김한경이 기초한 파벌청산 문제에 관한 논강을 승인. 2. 고려공산청년회가 제출한 실제운동에 대한 건의안과 조선공산당의 고려공산청년회에 대한 지도방침 결의의 내용을 철회함. 3. 이성태의 조직부장 사임을 승인하고 이혁노를 후임으로 임명.
12	1928. 7. 4	차금봉, 김재명, 한명찬, 김한경, 이혁노, 윤 일, 한위건 등	1. 경찰의 조직 탐지에 따라 중앙위원회를 해산하고 총사직하며, 후계조직의 인선은 양명에게 일임하기로 함.

차금봉은 12회에 걸친 중앙집행위원회를 통해 민족해방운동을 주도했다. '4차당'은 1, 2회 중앙집행위원회 회의에서 조직을 일단 정비하기 시작하여, 3, 4회 회의에서는 조선공산당의 민족해방운동에 대한 입장을 확립했다. 5회부터 9회 회의 때는 조직의 내실을 도모하여 인원이 충원되었고, 특히 9회 회의 때는 연구위원회를 조직하여 당면문제 해결에 진력하기도 했다. 10·11회 회의는 당내외 문제에 적극적으로 대처했으며, 마지막으로 12차 회의에서는 변화되는 정세에 따라 조선공산당 '4차당' 중앙의 해체를 결의했다.

'4차당'이 해체한 다음 날인 1928년 7월 5일 '4차당'에 대한 검거53)가 시작되어 처음으로 한명찬이 체포되었다. 170여명이 대량 검거된 '4차당'은 결국 종말을 고하게 되었는데, 차금봉도 7월 체포되어 종로서에서 가혹한 고문을 당했다. 강인한 인내력을 발휘한 차금봉은 '4차당'의 구체적인 조직과 활동상을 허위로 진술하면서 투쟁을 계속했다.

걸음을 제대로 걷지도 못하는 상황에서 서대문 감옥으로 이송된 차금봉은 고문 때문에 생긴 상처로 장티푸스를 앓고 난 뒤, 심장성 각기증으로 1929년 3월 10일 오전 9시 10분 생을 마쳤다.54) 그의 나이 31세였다.55)

5. 맺음말

식민지시대 조선의 민족해방운동은 사회주의자들이 선도적인 투쟁을

---

53) '4차당' 차금봉 책임비서 시기 활동 가운데 당 조직의 와해와 관련하여 주목할 것은 일본총국과 연락하여 3·1기념 투쟁 삐라 20만매를 동성사에서 인쇄시켜 국내로 유입하다가 경성우체국에서 발각된 일이다.
54) 『차금봉조서』, 52쪽.
55) 『동아일보』1929. 3. 15. 일본 제국주의는 차금봉의 운구 행렬을 차단하여 해산하라고 했다. 그리고 영여군이 들고 가는 요령, 만장을 압수하고 장례식의 대표였던 서정희를 입건하는 만행을 저질렀다.

전개했다. 그들은 어떤 부류의 운동가 집단보다 민족해방운동의 선두에
서 가열찬 투쟁을 수행했다. 물론 사회주의자들의 분파성이 운동을 추동
하는 데 부정적으로 작용한 부분도 없지 않았으나, 이들의 투쟁이 있었
기 때문에 식민지시대 우리의 민족해방운동은 풍부해 질 수 있었다. 이
들 사회주의자들은 노·농, 청년, 학생, 형평, 여성운동 등 운동의 전 영
역에서 투쟁을 이끌었다.

차금봉은 노동운동 속에서 활동한 대표적인 인물이다. 그는 1920년대
를 풍미하던 노동운동단체 예를 들면 조선노동공제회, 조선노농총동맹,
조선노동총동맹에서 활동했다. 그리고 서울청년회, 조선공산당, 신간회
에 가담했다.

차금봉은 선진 노동자로 노동운동에 복무하다가 민족해방운동가가 된
인물이다. 언제 사회주의를 전면적으로 수용하게 되었는지 확실하지는
않으나, 서울계와 긴밀한 관계를 맺어 간 것은 확인할 수 있었다. 조선
노동공제회에서 서울계와 선이 닿아 단지 선진노동자에 머물지 않았던
그는 마르크스주의를 수용하면서 반일투쟁에서 한 걸음 더 나아가 계급
모순을 인식하며, 계급해방의 선두에 서게 되었다. 비록 그를 조선노농
총동맹, 조선노동총동맹에서 서울계로 분류할 수 있으나, 운동의 중심에
서 노동의 중요성을 항시 잊지 않고, 노동자를 대표하여 조직적인 활동
을 수행했던 사실은 인정해야 할 것이다.

이렇게 노동운동의 중심에 섰던 차금봉은 조선공산당에서 민족해방운
동가로서 자리매김을 명확히 했다. 그리고 일본 경찰에 의한 검거 이후
에도 차금봉은 끝까지 비타협적 모습을 견지하면서, 조국과 민중의 해방
을 위해 투쟁했다.[56]

---

56) 추후 새로운 자료가 발굴되면 차금봉의 생애와 사상에 대해 보충할 것을 약속한다.

찾아보기

일제시대 민족해방운동가 연구

인쇄일 초판 1쇄 2002년 07월 28일
      2쇄 2015년 02월 20일
발행일 초판 1쇄 2002년 08월 01일
      2쇄 2015년 02월 23일

지은이 김 인 덕
발행인 정 찬 용
발행처 국학자료원
등록일 1987.12.21, 제17-270호
서울시 강동구 성내동 447-11 현영빌딩 2층
Tel : 442-4623~4 Fax : 442-4625
www. kookhak. co. kr
E- mail : kookhak2001@hanmail. net

ISBN 978-89-8206-970-3.
가 격 11,000원